놀이 중심 인성 프로그램

푸드야, 놀이를 부탁해!

채신영, 한리원, 송은희, 박윤희, 박형숙, 박정숙
서숙기, 최현미, 김수경, 황인순, 김영실, 박설희 지음

인피니티 컨설팅 출판사

머 리 말

요즘 현대인들은 어떻게 하면 잘 먹고 잘살 수 있는가에 대한 고민이 증가하였다. 이러한 고민은 요리에 대한 관심을 증가시키고 있으며, 요리와 관련된 교육이 다양한 영역에 응용되고 있다. 지금까지 요리는 성인들을 대상으로만 하는 것으로 알았지만 근래에 와서는 요리가 아동에게도 중요한 교육의 한 분야로 성장하였다.

요리는 그 자체로서만 해도 인간에게 영원히 흥미를 줄 수밖에 없는 것이며, 생존을 위해 누구도 빗겨나갈 수 없는 테마이다. 요리는 누가 가르치지 않아도 기본적으로 습득하는 기능이기도 하고, 취미나 특기로서 직업으로서도 각광받고 있는 분야이기도 하다. 그래서 푸드놀이는 누구나 쉽게 접근할 수 있는 교육이 된 것이다.

현재 학교에서 하고 있는 방과후학교 프로그램 중에서 가장 인기 있는 프로그램이 푸드놀이이며, 각종 문화센터, 도서관, 여성회관, 복지회관 등의 평생교육 기관의 전단지를 보면 어김없이 등장하는 것이 푸드놀이가 들어 있는 것을 보면 그 인기를 반증할 수 있다. 뿐만 아니라 아동에게 요리를 가르치는 것은 어린이집이나 유치원에서도 인기 있는 프로그램으로 운영되고 있으며, 일반 학원이나 미술학원에서도 정식 교육과목으로 또는 이벤트 성격의 요리 교실이 열리기도 한다.

푸드놀이가 그만큼 인기가 있는 것은 푸드놀이가 자라나는 아동들에게 신체적, 인지적, 심리적, 정신적, 교육적으로 좋은 효과가 있기 때문에 주목을 받는 것이다.

푸드놀이가 아동이 가장 좋아하는 프로그램인데도 불구하고, 아직도 푸드놀이를 지도하는 것에 대해서는 오해가 있기도 하다. 아동에게 요리를 가르친다고 하면 "어른들도 하기 힘든 요리를 왜 아동에게 시키지?", '요리는 어렵고 노동과 같은 것인데 아동이 하고 싶을까?", "어른에게도 요리는 힘든 것인데 도대체 아동이 무슨 요리를 한단 말인가?", "푸드놀이를 가르치려면 전문적인 교육을 받아야 한다."라는 의구심을 가질 수 있다.

그러나 이러한 성인들의 고정관념은 요리를 하기 위한 주방은 아동들에게 위험한 장소이며, 요리과정은 복잡하고 어려운 것이라는 생각과 함께, 아동은 그저 엄마가 해주는 밥이나 먹는 정도의 어린아이로 취급해버리기 때문이다. 따라서 아동들이 부엌에 대한 호기심이 있더라도 부모들의 지나친 보호로 인하여 아동의 훌륭한 교육 장소와 놀이터가 될 수 있는 부엌의 접근을 원천적으로 봉쇄해 버리므로 아동에게는 가서는 안 될 신비한 구역이 되어버린 것이다. 그래서 그런지 아동들에게 요리는 다른 분야의 학습 주제들보다 매우 관심이 있으며, 높은 흥미도를 가지고 있다.

이 책은 단순한 푸드놀이 개론서가 아니라 실질적으로 오랫동안 푸드놀이 지도를 통하여 교육적 효과를 경험한 결과를 가지고 집필한 것이다. 이 책은 푸드놀이 지도사가 되고 싶은 사람에게 특별한 교육을 받지 않고도 쉽게 따라 하기만 하면 전문적인 푸드놀이 지도사가 되어 푸드놀이의 전문가가 될 수 있도록 집필하였다.

지은이 일동

목 차

제1장
푸드놀이의 세계

FOOD PLAY

1.

푸드놀이란 무엇인가?

　현대 사회에서 아동에게 요리를 가르치는 일이 선풍적인 인기를 얻고 있다. 학교에서 하고 있는 방과후학교 프로그램 중에서 가장 인기 있는 프로그램이 푸드놀이이며, 각종 문화센터, 도서관, 여성회관, 복지회관 등의 평생교육 기관의 전단지를 보면 어김없이 푸드놀이가 들어 있는 것을 보면 그 인기를 반증할 수 있다. 뿐만 아니라 아동에게 요리를 가르치는 것은 어린이집이나 유치원에서도 인기 있는 프로그램으로 운영되고 있으며, 일반 학원이나 미술학원에서도 정식 교육과목으로 또는 이벤트 성격의 요리 교실이 열리기도 한다.

　요리는 생존을 위해 필수적인 것이기 때문에 살아가는 데 기본 욕구를 충족시켜주는 요소로서 인간에게 영원히 흥미를 줄 수밖에 없는 것이며, 다양한 욕구로 인해서 더욱 발전될 분야이다. 요리는 누구나가 기본적으로 습득해야 하는 기능이기도 하고, 취미나 특기로서 직업으로서도 각광받고 있는 분야이기도 하다. 결국 이러한 장점을 아동교육에 접목하는 것이 푸드놀이라고 보면 된다.

　푸드놀이(Food play)는 영유아동에게 식재료를 가지고 노는 활동을 말한다. 푸드놀이는 영유아동을 대상으로 하기 때문에 아동에 대한 기초 지식을 바탕으로 아동의 발달단계에 따른 적절한 요리주제를 선정하여 지도하는 것으로 아동의 발달단계에 필요한 지적능력, 창의력, 정서발달, 기초 학습능력, 탐구능력, 자기주도 학습능력, 논리력을 키워주는 역할을 한다.

　따라서 푸드놀이에 대한 정의를 해보면 푸드놀이는 영유아동의 발달 단계에 따라 적절한 푸드놀이 활동을 선정하여 영유아동의 지능, 창의력, 기초 학습능력, 탐구능력, 자기주도 학습능력 등을 높여 주는 각종 푸드놀이 프로그램을 기획, 개발, 교육, 평가하는 일련의 과정을 말한다.

2.

푸드놀이의 등장

요리는 전통적인 사회에서는 교육의 테마로 보기보다는 생존을 위한 생활의 일부분으로 여겼으며, 대상도 여성에게만 국한되었으며, 특별히 배우지 않아도 쉽게 할 수 있는 것이라고 생각하였다. 그러나 근대에 들어오면서 자동화로 인하여 여유가 생긴 사람들과 삶의 질을 향상시키려는 사람들은 어떻게 하면 맛있는 요리를 먹을 수 있을까를 고민하게 된다.

이러한 고민은 자연스럽게 요리에 대한 전문적인 지식을 가진 사람을 통해 하나씩 전수되어 오늘날의 조리 교육으로 자리를 잡기 시작하였다. 또한 요리를 배워 활용하는 대상도 여성을 넘어서 남성들도 증가하였으며, 요리를 직업으로 삼는 사람들이 늘어났다. 그리고 전통적인 사회에서는 요리사들을 직업적으로 가치가 없거나 비천하다고 생각하기도 하였지만, 현대 사회에 오면서 요리하는 사람들이 예술가처럼 높은 직업적인 위치를 가지고, 그에 따라 대우도 매우 높아졌다.

결국 사회의 변화에 따라 요리에 관련된 교육에 대한 사람들의 인식이 바뀌면서 대상도 성인 대상에서 아동 대상으로 시각을 낮추어서 적용하는 시도들이 일어났다. 가정에서는 부모들이 안전한 상태에서 자녀에게 푸드놀이 활동을 하게 되고, 유치원이나 어린이집에서는 아동들의 체험학습으로 요리를 가르치기 시작하였다.

특히 아이를 적게 낳으려는 의식의 확산으로 아이들이 줄고, 자녀가 줄면서 부모의 아동에 대한 사랑과 아동을 위한 가정 교육에 대한 관심이 점점 높아지고 있다. 따라서 아동을 대상으로 하는 유아 교육 프로그램들이 지속적으로 만들어져 시장에 나왔다가 유행이 되기도 하고, 시대의 변화에 따라 사라지기도 하고 있다.

아동 교육 관련 프로그램들의 공통점은 아동의 오감을 자극하는 창의력 교육이 주를 이루고 있다. 이러한 와중에 조심스럽게 확실하게 오감을 자극할 수 있는 요리도 아동교육 프로그램으로 만들어졌으며, 2002년부터 문화센터의 강좌로 개설되기 시작하였다.

푸드놀이가 아동의 창의성과 지능을 높이는데 요리가 매우 효과적이라는 사실이 알려지기 시작하면서 초등학교에서 방과후학교가 시작되면서 자연스럽게 방과후학교에도 적용되어 푸드놀이 프로그램이 개설되었다. 푸드놀이가 문화센터와 방과후학교에서 인기를 얻자 학교의 정규 교과과정에 푸드놀이 과목을 채택하는 학교도 생겨났으며, 문화센터나 복지관 같은 평생교육기관에서 아동을 대상으로 하는 요리교실이 급속하게 확산되었다.

이에 따라 푸드놀이를 지도할 수 있는 푸드놀이 지도사에 대한 수요가 증가하면서 푸드놀이 지도사를 양성하는 기관들이 생겨났으며, 집에서도 엄마가 쉽고 간단하게 푸드놀이를 지도를 할 수 있으므로 홈스쿨링 형태로도 급속하게 확산되었다.

3.

푸드놀이의 효과

푸드놀이는 아동에게 다음과 같은 효과를 준다.

1) 학습에 대한 흥미가 높아진다.

푸드놀이 활동은 아동의 흥미를 바탕으로 하기 때문에 자연스럽게 학습에 대한 흥미를 가지게 되어 스스로 공부를 잘하게 된다. 푸드놀이는 아동의 호기심을 자극하고 탐구 능력을 갖게 해주므로 발달단계에 따라 익혀야 할 각종 기초 학습 능력은 물론 지능을 높여 주는 역할을 한다. 결국 아동은 푸드놀이 활동을 하면서 사물에 대한 이해가 빨라져 자연스럽게 자신감을 갖고 공부하게 된다.

2) 기초학습능력을 발달시킨다.

아동은 푸드놀이 활동을 하면서 무의식적으로 언어나 과학, 수학, 요리, 음악 등을 조합하여 표현함으로써 자연스럽게 기초학습능력이 높아진다.

- 과학 : 요리는 다양한 과학실험의 장으로 요리 재료들의 모양이나 성장 상태, 가공 후의 모습, 색깔의 변화, 밀도, 질량, 열에너지에 의해 음식의 변화 상태 등을 자연스럽게 습득하여 과학의 개념을 이해하게 된다.
- 수학 : 요리 재료를 선택하고 손질하고 준비하고 요리하고 먹으면서 수학적 개념이 자연스럽게 형성된다. 요리재료를 계산할 때, 양을 계량할 때, 요리재료를 셀 때, 재료를 익히는 시간, 요리를 나눌 때, 사람 수에 따라 요리를 할 때 등 다양한 과정을 거치면서 수학의 개념을 이해하게 된다.

- 미술 : 요리 재료가 가지고 있는 화학적 물리적 성질을 이용하여 미술 재료로 활용할 수 있다. 요리 재료를 통해, 그리기, 꾸미기, 붙이기, 오리기, 섞기, 만들기, 조각하기 등을 익힐 수 있다.
- 논술 : 아동은 자신이 만든 작품을 가지고 설명하기 위해서 나름대로의 논리를 세우고 이에 대한 발표를 하게 됨에 따라 논리적으로 발표하는 능력을 갖게 된다.

3) 자기주도학습능력을 기를 수 있다.

자기주도학습능력은 자기 스스로 공부하는 능력을 말하는데 아동이 공부를 잘하려면 자기주도학습능력을 키워야 한다. 푸드놀이 활동은 아동의 호기심을 바탕으로 하기 때문에 자연스럽게 주의집중과 동기유발 효과를 가져온다. 실제로 아동을 대상으로 하는 푸드놀이 활동을 하게 되면 아동은 누구의 도움도 받지 않고 혼자서 하려는 능력을 키우게 된다.

푸드놀이는 흥미를 가지고 혼자 만들어 가는 과정이므로 요리를 하다 보면 스스로 자기주도학습능력을 향상시킬 수 있는 계기가 되며 스스로 학습법의 원동력이 된다.

아동은 푸드놀이 활동을 통해 만들기, 생각하기, 말하기, 이해하기, 읽기, 쓰기, 셈하기와 같은 기본적인 학습능력을 갖추게 되면 자연스럽게 학습되면서 자기주도학습능력을 갖추게 된다.

4) 이해가 빨라진다.

푸드놀이는 모든 교과를 한꺼번에 배우는 통합 교과적인 효과가 있기 때문에 푸드놀이 활동을 통해서 많은 것을 습득하게 된다. 즉 피자를 만들어서 식구 수대로 나누는 푸드놀이 활동을 하게 되면 아동은 피자를 만드는 방법은 물론 피자를 만들기 위해서는 적당한 혼합과 함께 열을 사용해야 하고, 일정한 시간을 기다려야 하며, 나누기의 개념을 이해할 수 있다. 마치 한 가지를 들으면 응용하여 열 가지를 이해하게 하는 것과 같은 이치이다.

5) 독서능력을 키운다.

푸드놀이의 프로그램 중에는 요리로 하는 동화 교실이 있다. 요리로 하는 동화 교실은 동화책을 읽고 관심 있는 부분을 스스로 가려내어 그것을 작품으로 만드는 프로그램이다. 아동은 독서를 통해 책에서 주는 정보가 지닌 의미를 해석하며 그것을 토대로 요리 작품을 만들게 하면 스스로 자신의 지식을 형성해 갈 수 있다. 푸드놀이 활동을 통해서 체험을 바탕으로 형성된 지식은 쉽게 잊혀지지 않기 때문에 영원히 자신의 것이 된다.

푸드놀이에서 하는 독서는 책에서 작품의 소재를 찾아내야 하기 때문에 아동의 읽기 능력만을 향상시켜 주는 것이 아니라 책에 담겨 있는 정보를 분석하고, 추론하여 요약하고, 적용하는 능력은 물론 상상하는 능력까지 심어 준다. 푸드놀이 활동은 독서 습관을 길러줄 뿐만 아니라 어휘력, 이해력, 분석력, 요약력, 상상력, 추리력, 비판력, 판단력 등의 사고하는 능력을 키워준다.

6) 탐구능력을 발달시켜준다.

푸드놀이는 학습에 대한 기본적 원리와 개념을 형성하는데 무엇보다도 효과가 높다. 그만큼 푸드놀이는 아이들의 집중력과 탐구력을 높여주기 때문이다. 아동을 대상으로 하는 주입식 교육들은 아동을 수동적으로 만들어 학습에 지쳐버리거나 흥미를 잃어버리게 만드는 원인이 된다. 따라서 주입식 교육을 통해서는 아동의 탐구능력을 발달시키기는 어렵고 오히려 학습에 거리를 두고 싫증을 느끼게 할 것이다. 그러나 푸드놀이는 아동이 좋아하는 것이며, 놀이적 요소를 가미하고 있기 때문에 흥미를 가지고 요리를 통해 원리를 자연스럽게 알게 하고 아동의 호기심을 자극하도록 유도함으로써 바람직한 탐구능력을 이끌 수 있도록 한다.

7) 지능을 높여준다.

지능은 지적인 능력을 말하며, 결국은 학습을 잘할 수 있는 능력과 같다. 지능은 통상적으로 인지적 능력, 즉 추리력, 개념형성, 문제해결능력, 창의성 등과 같은 개념들이 관련 있는 것으로 발표되고 있다. 지능은 대개 5세 이전에 왕성하게 발달하고 유전적·환경적 결정요인에 의해 개인차를 나타내기 때문에 푸드놀이 지도사의 적극적인 경험과 자극이 지능을 발달시킨다는 것이다. 따라서 푸드놀이는 5감을 통해서 아동의 두뇌를 자극하게 되고, 대근육이나 소근육 자극에서부터 뇌를 자꾸 활용해야 하므로 두뇌개발과 지능을 발달시킬 수 있는 방법으로 알려져 있다.

8) 창의력을 높인다.

창의성은 특정한 문제 상황에서 가능한 한 많은 양의 아이디어를 산출하는 능력으로 쉽게 말하면 남들과 다르게 생각하는 것을 말한다. 요리는 다른 어떤 아동교육보다 창의적 사고가 필요하며 결과물이 보다 독창적이며 질적으로 우수한 사고를 산출하는 데 효과가 있다. 특히 만들어진 요리는 만드는 과정에서 만드는 방법이나 숙련도에 따라 결과가 아주 다양하게 나오므로 창의성이 높아질 수밖에 없다.

9) 인성을 향상시켜준다.

우리나라는 예부터 '밥상머리 교육'이라 해서 식사 예절을 통해 생활 규범 및 생활양식, 인성과 인격을 닦아 왔다. 푸드놀이는 밥상머리 교육과 같이 요리를 하면서 자신도 모르게 인성을 향상하게 된다. 요리는 뚝딱하고 만들어지는 것이 아니라 일정한 과정을 거쳐야 한다. 일정한 과정을 거치려면 인내심을 가지고 정성을 들여야 한다. 따라서 아동은 이러한 요리 과정을 통해서 인내심을 기르게 되고, 올바른 식습관을 형성하면서 생활 규범을 익히게 된다.

10) 언어 능력을 발달시켜준다.

아동은 자신의 푸드놀이 활동을 통해서 각종 식자재와 취사도구의 이름을 알게 할 뿐만 아니라 조리 방법의 명칭, 조리 상태의 명칭, 조리법 등을 알게 한다. 이를 통해 음식과 관련된 새로운 단어를 사용하게 되므로 어휘력이 증가하고 언어 능력을 높일 수 있다.

11) 도구 사용법을 배우게 된다.

요리를 하기 위해서는 다양한 조리 도구와 조리 기구를 사용하게 된다. 따라서 아동은 푸드놀이 활동을 통해서 작품을 만들기 위하여 조리 도구와 조리 기구에 대한 명칭은 물론이고 사용법을 습득하게 된다. 뿐만 아니라 사용하는 조리 도구와 조리 기구를 안전하게 사용하는 방법과 지식도 배우게 된다.

12) 위생 관념을 배운다.

아동은 무엇이 깨끗한지 깨끗하지 않은지, 건강에 위협을 주는지 건강에 좋은지를 모른다. 따라서 푸드놀이 활동을 통하여 식자재를 사용하여 작품을 직접 만들면서 더러운 것과 깨끗함에 대한 구별이 가능해지고, 이에 따라 먹어야 할 것과 먹지 말아야 할 것을 알게 되고, 먹는 것을 만들거나 먹기 위한 위생 관념을 알게 된다.

13) 편식습관을 고칠 수 있다.

편식이란 특정 음식물에 대하여 특별히 싫어하는 것을 먹지 않거나, 특별히 좋아하는 것을 유난히 많이 먹는 현상을 말한다. 이는 음식에 대한 기호도가 지나치기 때문인데 문제는 의학적으로 영양의 균형이 깨져 발육이나 건강에 영향을 준다.

편식은 특별히 싫어하는 것을 먹지 않는 혐오 편식과 특별히 좋아하는 것을 유난히 많이 먹는 과잉 편식으로 나눌 수 있다. 혐오 편식은 성장기의 아동에게 음식을 골고루 섭취하지 않아 영양소 섭취의 균형이 깨져 성장기의 발육부진과 함께 심하게는 영양실조로 발전할 수도 있다. 뿐만 아니라 편식은 신체적인 영향뿐만 아니라 아동의 성격 형성에도 많은 영향을 주게 되어 자기중심적이 되거나 신경질적인 반응을 보이게 되는 여러 가지 장애를 일으키기도 한다.

푸드놀이 활동을 통해 아동이 가지고 있는 특정 음식 재료나 음식 종류에 대한 편견을 교정시킬 수 있다. 푸드놀이는 모든 요리 재료가 우리의 건강에 필요하다는 생각을 갖게 하여 올바른 식습관 형성을 통해 편식 습관을 고칠 수 있다.

14) 논리력이 향상된다.

아동은 자신의 푸드놀이 활동을 통해서 자신이 만든 요리를 통해 상상력이나, 창의력 등 다양한 표현이 가능하다. 또한 요리를 만들기 전, 만드는 중간, 다 만든 후에 푸드놀이 지도사의 질문을 통해 자신의 생각을 표현하면서 논리력을 갖게 된다.

15) 예절 습관을 기른다.

아동은 푸드놀이 활동 결과 자신이 만든 음식을 유쾌하게 먹으면서 질서 의식 및 식사 예절을 자연스럽게 기를 수 있다. 또한 아동이 만든 음식은 어른부터 드리는 습관을 형성하여 예절 습관을 기를 수 있다.

16) 자신감이 향상된다.

아동은 자신이 만든 요리를 통해 자신이 직접 만들었다는 만족감과 함께 성취감을 높일 수 있다. 성취감은 자신의 노력으로 결과물을 만들었다는 자신감과 자신의 능력에 대하여 긍정적인 자존감을 갖게 해준다.

17) 발표력이 향상된다.

푸드놀이 활동 과정 중에 교사의 질문과 만든 후의 제작 의도, 만드는데 들어가는 재료, 제작방법, 맛있게 만드는 방법, 누구를 위해 만든 것인지를 발표함으로서 사고를 지속적으로 자극하게되고, 이를 통해 발표력을 향상할 수 있다.

18) 사회성을 발달시킨다.

아동은 집단 푸드놀이 활동을 통해 함께 요리를 계획하고 준비하고 만드는 과정을 분담하는과정을 통해 아동들에게 책임감을 키우고, 이야기를 나누면서 동료들과 친밀감을 높일 수 있다.

4.

푸드놀이 지도사의 정의

　푸드놀이 지도사는 유아교육을 바탕으로 요리에 대한 전문지식을 갖고 영유아동의 연령에 따라 적절한 푸드놀이 활동을 선정하여 영유아동의 지적 능력, 창의력, 정서발달, 기초 학습 능력, 탐구 능력, 자기주도 학습 능력, 논리력 발달에 도움을 주는 각종 요리 교육 프로그램을 기획, 개발, 운영, 교육, 평가하는 일을 하는 전문가를 말한다.

　푸드놀이 지도사는 아동에게 단순하게 요리만을 가르치는 요리전문가가 아니라 식재료라는 매개를 이용하여 프로그램을 계획하여 다양한 활동으로 아동들의 오감을 발달·촉진시키고 영역을 확대하고 새로운 아이디어를 구상하여 아이들과 같은 눈높이에서 바라보며 탐구하고 연구하여야 하는 자질을 갖추어야 한다.

　또한 푸드놀이 지도사는 아동의 지적인 호기심뿐만 아니라 변화무쌍한 그들의 발달 과정을 먼저 알고 대처할 수 있는 지식과 능력을 발휘할 수 있어야 하고 아동에 대한 푸드놀이 지도에서는 아동 전문가로서 대처할 수 있도록 자기 개발은 물론 끊임없는 지식을 습득하고 지혜로움을 추구하는 진취적이고 개방적이어야 한다.

　현대를 살아가는 아동은 너무나 다양하고 복잡하다. 아동들이 처한 환경에서부터 기질적인 성향, 가족·가정의 형태, 부모의 교육적 성향에 이르기까지 독특함을 지니고 있으므로 푸드놀이 지도사는 단순히 푸드놀이 활동만을 추구하면 되는 것이 아니라 그 아동의 주변환경과 문화적 여건, 가족의 관계까지 알아야 하는 상담자의 역할도 해야 할 경우도 있다. 그러므로 푸드놀이 지도사는 '요리를 통해 흥미를 유도하여 아동을 교육적인 방향으로 이끌어주는 역할을 함은 물론 푸드놀이 활동을 매개로 정서적·심리적·사회적 혼란을 겪고 있는 아동의 심리상태를 완화시키고 원만하고 안정적이며 창조적으로 살아갈 수 있도록 도와주는 아동을 교육하는 전문가'라고 정의할 수 있다.

푸드놀이는 '아동교육'과 '요리'라는 두 분야가 합쳐진 합성어이므로 푸드놀이 지도사의 입장을 두 가지로 나눌 수 있다. 하나는 요리를 중요시하는 입장이고, 다른 하나는 아동교육을 중요시하는 입장이다. 요리를 중요시하는 입장은 요리에 관련된 일들을 하는 분들의 입장으로 요리를 창조하는 행위로 인식하고 요리 방법을 가르치는 분들이다. 그러나 아동교육을 중요시하는 입장은 푸드놀이를 아동의 교육적인 효과를 얻기 위해서 아동에게 요리를 가르치고 요리를 통한 장점을 이끌어 낸다.

푸드놀이는 아동교육의 한 분야이다. 푸드놀이는 특별한 전문성이 없어도 아이의 발달 수준에 맞는 푸드놀이 활동을 선정해서 푸드놀이 활동을 하면서 아동의 지적 능력, 창의력, 정서발달, 기초 학습 능력, 탐구 능력, 자기주도 학습 능력, 논리력 발달에 도움이 되도록 활동을 이끌어줄 수만 있다면 누구나 훌륭한 푸드놀이 지도사가 될 수 있다.

5.

푸드놀이 지도사의 역할

푸드놀이 지도사는 다음과 같은 역할을 수행해야 한다.

● **아동교육과 푸드놀이의 전문가로서 활동하여야 한다.**

푸드놀이 지도사는 아동의 전반적인 발달단계에 따른 특성의 이해와 이상행동에 대한 지식을 알고 있어야 함은 물론 푸드놀이의 전반적인 활동과 더불어 아동의 연령과 특성에 맞는 푸드놀이 과정을 인지하고 있어야 한다.

● **아동의 발달과 연령에 맞는 요리를 선정할 수 있어야 한다.**

푸드놀이 지도사는 아동의 연령, 발달 정도에 따라 아동의 수준과 흥미를 유지할 수 있는 다양한 푸드놀이를 선택해서 푸드놀이 수업에 맞게 조정해야 하기 때문에 많은 푸드놀이를 알아야 한다.

● **푸드놀이에 맞는 재료와 도구 준비를 할 수 있어야 한다.**

푸드놀이를 하기 위해서는 푸드놀이에 맞는 재료와 도구가 있어야 한다. 따라서 푸드놀이 지도사는 계획된 푸드놀이 프로그램에 맞게 재료와 도구 준비를 할 수 있어야 한다.

● **푸드놀이 방법을 연구해야 한다.**

푸드놀이 지도사는 늘 연구하는 자세가 필요하다. 미리 계획된 프로그램에 맞추어 수업에 임하기 전에 연습으로 푸드놀이 활동에 걸리는 시간과 재료의 양, 그리고 수업 중에 아동이 학습목표에 효과적으로 도달하기 위해서 어떻게 지도해야 하는지를 꼼꼼하게 체크해야 좋은 수업을 할 수 있다.

● **푸드놀이 활동은 학습목표에 도달하게끔 지도하여야 한다.**

푸드놀이 지도사는 아동에게 푸드놀이만을 가르치는 것이 아니라 학습목표에 도달하도록 지도해야 한다. 아동은 개별적이고 다양한 수준을 가지고 있어 일관적이고 획일적인 결과를 예측하기 어렵다. 따라서 학습목표에 도달하도록 지도하여 푸드놀이에 대한 효과가 나타나야 한다.

● **동료 학습자와는 정보교환과 피드백을 할 수 있도록 한다.**

푸드놀이 지도사는 아동이 작품을 만들고 나서 항상 자신이 작품을 만들게 된 동기와 만드는 과정에서의 경험, 만들고 나서 느낀 점들을 발표하게 하여 서로 정보를 교환하고 서로에게 피드백을 할 수 있도록 한다.

● **아동과는 눈높이에 맞는 지도를 할 수 있어야 한다.**

푸드놀이 지도사는 전문가의 입장에서 아동을 바라봐서는 안 되며 항상 아동들과 같이 생각하고 느끼는 자세로 마주해야 하며, 같이 배우는 동료들과는 경쟁의 대상이 아닌 서로 배우고 도움을 주는 상호 협조적이고 보완적인 관계로 인식하게 한다.

6.

푸드놀이 지도사의 전망

우리나라에서 푸드놀이 지도사라는 직업은 2000년 이후에 생겨난 새로운 직업이다. 삶의 질이 향상되고, 식도락에 대한 관심이 증가하면서 비로소 요리가 중요한 문화로 자리를 잡게 된 것도 얼마 되지 않았기 때문이다.

요즘에는 아동의 발달에 있어서 요리가 창의력이나 지능을 향상하는 데 도움이 된다는 임상과 논문들이 발표되면서 아동에게 요리를 가르치는 교육 기관들이 우후죽순처럼 생겨나고 푸드놀이 지도사를 양성하고 있다. 따라서 현재 푸드놀이 지도사로 활동하는 분들은 푸드놀이 지도사 양성 과정을 수료한 푸드놀이 지도사가 지도하거나 조리사 자격을 가진 요리전문가들이 지도하고 있다.

조리사 자격을 가진 요리전문가들이 지도하는 푸드놀이는 요리하는 방법에 치중하여 가르치는 경우가 많으며, 요리를 정도로 가르치려는 시도로 아동은 요리에 흥미를 잃게 되는 경우가 있다. 푸드놀이 지도사는 아동교육의 전반적인 이론에 대해서 배우고 푸드놀이 지도에 대한 전문성을 가지고 있기 때문에 푸드놀이 지도의 전문가로서 요리의 기능과 아동의 발달단계에 따른 개별적인 접근방법을 습득하는 것으로 자리매김을 해나가고 있다.

코로나 이전만 해도 모든 교육기관과 평생교육기관에서 가장 인기 있는 프로그램이 푸드놀이와 푸드놀이 지도사 과정이었다. 그러다 보니 특별한 경력이 없이도 간단한 푸드놀이 지도사 과정을 수강하고 원하기만 하면 어디서든지 푸드놀이 지도사로 활동할 수 있었다. 그러나 너무 많은 곳에서 푸드놀이 강좌를 개설하다 보니 공급이 수요를 초과하면서 많은 곳에서 폐강을 하였다.

그래도 현재까지 초등학교의 방과후학교와 문화센터에서 가장 인기 있는 유아교육프로그램이며, 어린이집과 유치원에서 체험학습이나 특별활동 차원에서 진행하고 있으며, 여성회관, 특수학

급, 복지관 등에서 요구가 증가하고 있다. 또는 소규모의 홈스쿨링 형태로 운영하기도 하며, 개인적으로 학원을 설립하거나 기존의 미술학원이나 학원에서 푸드놀이를 과정으로 운영하는 곳이 많다. 따라서 푸드놀이 지도사로 활동하고 싶으면 앞으로도 다양한 방법으로 활동할 수 있다.

푸드놀이 지도사는 아직 발전 가능성이 많은 직업이고, 새로운 전문성에 도전해볼 수 있는 기회를 제공하고 있는 분야다.

제2장
놀이 중심의 인성교육

FOOD PLAY

1.

인성의 정의

인성은 인간이 갖추어야 할 본성으로 저마다의 특성을 지니고 있기에 인성에 대한 모두를 포괄하는 구체적인 정의를 내리기는 쉽지 않다. 인성은 보는 관점에 따라 달리 보이기 때문에 인성에 대한 정의를 내리는 사람에 따라서 다르게 정의를 내리고 있다.

기본적으로 인성에 대한 사전적 의미를 보면 인성(人性, personality)은 각 개인이 가지는 사고와 태도 및 행동 특성을 말한다. 인성은 품성, 품격, 성질, 인격, 인간성 사람됨 등 다양하게 부르기도 한다. 서양적 관점에서의 인성은 'personality'라고 한다. 'personality'의 어원은 원래 라틴어인 'persona'로 시작되었다. 'persona'는 원래 연극배우가 쓰는 탈을 가리키는 말이었기 때문에 연극배우인 인간을 가리키는 말로 쓰이게 되었다. 비슷하게 'character'로 불리기도 하는데 '성격', '기질', '인격', '품성'으로 번역된다. 한자적 의미로 인성(人性)은 타고난 사람의 천성을 말한다. 동양적 관점에서는 사람은 모두 선하게 태어난다는 맹자의 성선설로 인성을 이해한다.

인성에 대한 학자들의 정의를 보면, 남궁달화(1999)는 인성은 사람의 성품이며, 성품은 성질과 품격. 성질은 마음의 바탕이고 사람됨의 바탕을 가리키는 말이라고 하였다. 문용린(1997)은 인성을 개인의 심리적이거나 행위적인 성향이라고 하였다. 이근철(1996)은 사람이 지니는 총체적인 성질을 표현하는 것으로 인격, 성격, 성질, 품격 등의 의미를 총괄적으로 내포한다고 하였다. 정희태(2011)는 인성은 성품을 가리키기도 하며, 성품은 사람의 성질과 품격이며, 성질은 마음의 바탕이고 품격은 사람 된 모습이라고 설명할 수 있다고 하였다. 조연순(2008)은 자신의 내면적 요구와 사회 환경적 필요를 지혜롭게 잘 조화시킴으로써 세상에 유익함을 미치는 인간의 특성이라고 정의하였다. 진흥섭(2003)은 인성은 사람이 지니는 신체적, 정신적, 사회적 측면에서 총체적으로 보이는 인간의 본성으로서 인격, 성격, 성질, 품격 등의 의미를 내포한다고 하였다. 황응연(1992)

은 인성이란 환경에 대응함으로써 나타나게 되는 행동 및 태도, 동기, 경향성, 인생관과 정서들의 총합을 뜻하며, 사람들에 있어 시간과 상황에 걸쳐 지속되는 독특한 구조라고 정의하고 있다.

한국교육학회(1998)에서는 인성을 사람의 마음의 바탕이 어떠하며, 사람된 모습이 어떠하다는 것을 말하는 개념으로 사람의 마음과 사람됨이라는 두 가지 요소로 구성되어 있다고 하였다. 또한, 교육부(2013)에서는 인성은 개인과 사회에 영향을 주는 성품, 기질, 개성, 인격 등 추상적으로 사용하며, 사전적 정의는 사람의 성품 또는 각 개인이 가지는 사고와 태도 및 행동 특성이며, 일반적 의미로는 사회적으로 인정되는 바람직한 인간적 특성 또는 인격, 사람됨이라고 하였다.

심리학자 프로이드(Freud)는 인성을 개인이 본능적 요구를 현실적, 도덕적 제약 가운데에서 합리적으로 충족시켜 나가는 방식이라고 하였다. 로저스(Roges, 1977)는 인성을 개인이 자신의 독특한 주관적인 경험 세계 속에서 자아를 이루어 나가는 과정이라고 하였다.

리코나(Lickona, 1988)는 인성은 도덕적 지식(moral knowledge), 도덕적 감정(moral feeling), 그리고 도덕적 행동(moral action) 등 세 가지 요소로 이는 인성개념이 인지적, 정의적, 행동적 차원을 모두 포괄하고 있는 통합적인 개념이라고 정의하였다.

프로이드(Freud, 1977)는 인성을 개인이 본능적 요구를 현실적, 도덕적 제약 가운데에서 합리적으로 충족 시켜 나가는 방식이라고 하였다. 로저스(Rogers, 1977)는 인성을 우리 모든 경험의 중심이 되는 자아 즉 조직된, 항구적인 그리고 주관적으로 지각된 실체(Identity)라고 정의하고, 에릭슨(Erikson, 1965)은 인간은 일생 동안 여러 단계의 심리 사회적 위기를 당면한다고 보고, 인성이란 그에 따른 결과로서 기능을 하는 것이라고 정의하였다. 이들을 표로 나타내면 다음과 같다.

<표 2-1 > 인성에 대한 정의

구분	내용
남궁달화(1999)	사람의 성품이며, 성품은 성질과 품격. 성질은 마음의 바탕이고 사람됨의 바탕을 가리키는 말이다.
문용린(1997)	개인의 심리적이거나 행위적인 성향이다.
이근철(1996)	사람이 지니는 총체적인 성질을 표현하는 것으로 인격, 성격, 성질, 품격 등의 의미를 총괄적으로 내포

정희태(2011)	인성은 성품을 가리키기도 한다. 성품은 사람의 성질과 품격이며, 성질은 마음의 바탕이고 품격은 사람 된 모습이라고 설명할 수 있다.
조연순(2008)	자신의 내면적 요구와 사회 환경적 필요를 지혜롭게 잘 조화시킴으로써 세상에 유익함을 미치는 인간의 특성이다.
진흥섭(2003)	사람이 지니는 신체적, 정신적, 사회적 측면에서 총체적으로 보이는 인간의 본성으로서 인격, 성격, 성질, 품격 등의 의미를 내포한다.
한국교육학회 (1998)	사람의 마음의 바탕이 어떠하며, 사람 된 모습이 어떠하다는 것을 말하는 개념으로 사람의 마음과 사람됨이라는 두 가지 요소로 구성되어 있다.
황응연(1992)	환경에 대응함으로써 나타나게 되는 행동 및 태도, 동기, 경향성, 인생관과 정서들의 총합을 뜻하며, 사람들에 있어 시간과 상황에 걸쳐 지속되는 독특한 구조다.
교육부(2013)	인성은 개인과 사회에 영향을 주는 성품, 기질, 개성, 인격 등 추상적으로 사용하며, 사전적 정의는 사람의 성품 또는 각 개인이 가지는 사고와 태도 및 행동 특성이며, 일반적 의미로는 사회적으로 인정되는 바람직한 인간적 특성 또는 인격, 사람됨이다.
리코나(1988)	인성은 도덕적 지식(moral knowledge), 도덕적 감정(moral feeling), 그리고 도덕적 행동(moral action) 등 세 가지 요소로 이는 인성 개념이 인지적, 정의적, 행동적 차원을 모두 포괄하고 있는 통합적인 개념
프로이드(1977)	인성을 개인이 본능적 요구를 현실적, 도덕적 제약 가운데에서 합리적으로 충족시켜 나가는 방식
로저스(1977)	우리 모든 경험의 중심이 되는 자아 즉 조직된, 항구적인 그리고 주관적으로 지각된 실체(Identity)
에릭슨(1965)	인간은 일생 동안 여러 단계의 심리 사회적 위기를 당면한다고 보고, 인성이란 그에 따른 결과로서 기능을 하는 것

　이상의 정의를 분석해보면 인성의 심리적 특성은 성격, 기질, 인격, 성품, 품성 등으로 주로 외적인 실력이나 능력을 따지기보다는 정서, 가치지향과 같은 정의적 측면과 연관되어 있다. 문제는 인성 자체가 개인이 가지는 정서나 가치 지향에 의하여 사고와 태도 및 행동이 다르게 나타나

기 때문에 사람의 인성을 형성하는 가치에 대해서 사람들의 주관에 따라 다르게 본다.

과거에는 인성에 영향을 주는 가치를 따질 때 자신에게만 영향을 미치는 개인적인 인성과 타인에게 영향을 주는 사회적 차원에서의 인성으로만 나누어 생각했다. 그러나 점차 사회가 복잡해지고 다원화되면서 요즘에 와서는 도덕적 인성, 사회적 인성, 감성적 인성의 세 가지로 나누어 생각하고 있다. 도덕성은 준법정신, 질서 의식, 책임감 같은 것이며, 사회적 인성은 공감, 공동체 의식, 소통, 대화 능력, 예절, 효 같은 것이며, 감성적 인성은 윤리 의식, 긍정적 사고, 자율성, 인성, 자신감 같은 것이다.

인성은 자신만의 생활 스타일로서 다른 사람들과 구분되는 지속적이고 일관된 독특한 심리 및 행동 양식을 말한다. 이는 인성의 개념을 인간이 사회적 동물로서 혼자서 살 수 없다는 인간의 본성에 비추어 볼 때 내리는 정의이기 때문에 다른 사람과 다른 지속적이고 일관된 심리 및 행동 양식을 내포하고 있다. 따라서 사람이 태어나 자신의 삶을 긍정적으로 가꾸어 나갈 줄 알면서 이웃과 더불어 살아나갈 수 있는 풍요로운 마음을 가진 따뜻한 인간 육성을 위해서는 체계적이고 의도적인 인성교육은 큰 의미가 있다.

인성은 자신에게만 영향을 미치는 것이 아니라 타인에게도 영향을 준다. 즉 나쁜 인성을 가진 사람은 타인에게 불쾌감과 긴장, 갈등을 느끼게 하지만 어떤 인성을 가진 사람은 남에게 편안함과 신뢰성을 느끼게도 한다. 따라서 올바른 인성을 지닌 사람은 타인과의 관계에서도 긍정적인 효과를 나타내고, 자신의 삶을 영위하는 데도 매우 긍정적이다.

2.

인성교육의 정의

인성은 태어날 때부터 타고난 기질에 더하여 부모, 가족, 사회, 문화, 도덕적 측면이 끊임없이 가미되며 변하고 새롭게 변화된다. 즉 인성은 유전과 환경의 상호작용으로 형성되며, 발달적 관점에서 변화하는 특징을 지니고 있다. 따라서 타고난 유전적 성향에 의해서도 인성이 좋은 사람이 되지만, 아이가 성장하는 동안 외부적인 강화에 의해서도 큰 영향을 받게 된다.

실제로 문화인류학자나 프로이드와 같은 심리학자들은 사람이 태어나 어려서의 수유(授乳), 이유(離乳), 배설(排泄) 등의 훈련에 의해 인성이 형성되기 때문에 어릴 때의 인성 지도에 대한 경험이 매우 중요하다는 것이 강조하고 있다. 우리나라 속담에도 "세 살 버릇 여든까지 간다."라는 말이 있듯이 어릴 때 구축된 인성은 평생을 좌우한다고 봐도 과언이 아니다. 따라서 어릴 때부터 인성교육이 이루어져야 인생을 결정하는 중요한 요인이 된다고 할 수 있다. 뿐만 아니라 인성교육을 통해 좋은 인성을 가진 사람이 많은 사회가 될수록 바람직하고 발전 가능성이 많아 이런 점에서 인성교육은 매우 중요하다.

교육은 사람을 의도적으로 행동을 변화시키는 것이고, 교육의 기본목적은 사람을 사람답게 만드는 데 있다. 남궁달화(1992)도 교육의 궁극적인 목적을 인간의 가치 있는 상태, 즉 '인간다운 인간'의 상태를 실현하는 것으로 보았다.

우리나라 교육의 목표도 학생들의 전인교육을 위하여 교육과정이 운영되고 있다. 그러나 전인교육이 목표임에도 불구하고 현장의 현실은 교육을 입시 위주나 서열 위주의 경쟁체제의 분위기를 조성하게 됨으로써 오히려 교육의 본래 목적인 인간의 전인적인 발달을 저해하기도 하였다. 특히, 오늘날 우리 사회는 전통 가치의 상실, 이기주의, 물질만능주의, 공동체 의식의 상실, 도덕성의 상실 등이 점점 심해지고 있다. 이로 인한 반사회적 폭력, 패륜적 범죄, 존속 살인, 성폭행,

청소년 비행, 집단 따돌림, 자살 등 비행과 탈선이 저 연령층으로 확대되고 있을 뿐만 아니라 전반적인 사회적 범죄가 점점 증가하고 있어 도덕적으로 총체적 위기에 직면하고 있다.

인성교육법이 재정된 것도 심각한 사회적인 문제를 해결하기 위해서 교육의 목적으로 바로 하자는데 의의가 있다. 교육의 목적을 바로 하기 위해서는 무엇보다 인성교육의 정의를 정확히 해야 한다. 그래야 올바른 목표에 도달할 수 있기 때문이다.

인성교육은 하나의 독립된 개인으로서 타인과 더불어 행복하게 살아갈 수 있도록 돕는 교육을 의미하며 인간다운 인간을 기르기 위해 인간다운 품성을 함양시키는 교육을 말한다. 즉 자신에 대한 올바른 이해와 자아 존중감, 자기 통제와 조절 능력, 타인 존중 자세 등을 갖도록 돕는 교육이다.

인성교육에 대한 정의를 보면 인성교육이란 인간다운 면모와 자질을 갖추기 위한 교육, 자기중심성에서 벗어나 공동체와 바람직한 관계를 형성할 수 있도록 하는 교육, 일련의 가치교육, 도덕교육, 인격교육, 시민성교육의 공통분모에 해당한다(정창우, 2010). 또한, 인성교육은 방법론적인 관점에서 개념화해서 학습자가 구성원으로서 바람직한 품성의 발달을 가져오도록 돕는 교육기관, 가정, 사회의 의도적인 노력 과정이다(권이종, 2001).

인성교육은 포괄적으로는 바람직한 인간상을 함양하는 것을 목적으로 한 교육으로, 인성을 함양하기 위하여 가르치고 배워야 할 것과 그것을 적절하게 이해하고 실천할 수 있는 인지적, 정의적, 행동적 요소를 강화하는 교육이라고 정의할 수 있다(전재선, 2010). 남궁달화(2002)는 인성교육을 "정서교육, 자아실현을 위한 가치교육, 더불어 사는 도덕교육을 내용으로 하는 것"이라고 정의하였다. 그는 인성교육을 교육이라는 실제적인 활동에 속하는 영역이라고 하며 지식교육과 대비되는 개념으로, 마음의 발달을 위한 정서교육, 자아실현을 위한 가치교육, 더불어 살기 위한 도덕교육으로 사용하고 있다. 즉 '사람 됨됨이', '성격', '행동', '습관', '태도', '가치관'등을 올바르게 기르기 위한 교육이라고 하였다.

교육부(1996)에서는 인성교육을 도덕성, 사회성, 정서를 포함한 바람직한 인간으로서의 성품을 기르는 교육이라고 하였다. 또한, 한국교육개발원(1994)에서는 인성교육은 덕성을 바탕으로 교양과 능력이 겸비한 인간으로 기르는 교육으로 정의하였다.

리코나(Lickona, 1988)는 인성교육을 훌륭한 인성(good character)을 발달시키기 위한 의도적이고 행동 지향적인 노력이라고 정의하였고, 인성교육의 목표는 자기중심주의에서 탈피하여 협동과 존중을 지향하는 것, 도덕적으로 생각하고 느끼고 행동하게 하는 것, 학교와 교실의 공평함, 따뜻한 배려, 정당한 권위와 민주적 가치에 대한 존중심에 바탕을 둔 하나의 도덕적 공동체를 만들어 가는 것이라고 하였다. 이들을 표로 나타내면 다음과 같다.

〈표 2-2〉 인성교육에 대한 정의

학자	정의
정창우(2010)	인성교육은 인간다운 면모와 자질을 갖추기 위한 교육, 자기중심성에서 벗어나 공동체와 바람직한 관계를 형성할 수 있도록 하는 교육, 일련의 가치교육, 도덕교육, 인격교육, 시민성교육의 공통분모에 해당한다.
권이종(2001)	인성교육은 방법론적인 관점에서 개념화해서 학습자가 구성원으로서 바람직한 품성의 발달을 가져오도록 돕는 교육기관, 가정, 사회의 의도적인 노력과정이다.
전재선(2010)	인성교육은 포괄적으로는 바람직한 인간상을 함양하는 것을 목적으로 한 교육으로, 인성을 함양하기 위하여 가르치고 배워야 할 것과 그것을 적절하게 이해하고 실천할 수 있는 인지적, 정의적,행동적 요소를 강화하는 교육이다
남궁달화(2002)	'사람 됨됨이', 성격', '행동', '습관', '태도', '가치관'등을 올바르게 기르기 위한 교육이다.
교육부(1996)	인성교육을 도덕성, 사회성, 정서를 포함한 바람직한 인간으로서의 성품을 기르는 교육이다.
한국교육개발원(1994)	인성교육은 덕성을 바탕으로 교양과 능력이 겸비한 인간으로 기르는 교육이다.
한국교육학회(1998)	사람의 마음의 바탕이 어떠하며, 사람된 모습이 어떠하다는 것을 말하는 개념으로 사람의 마음과 사람됨이라는 두 가지 요소로 구성되어 있다.
리코나(Lickona, 1988)	인성교육은 훌륭한 인성(good character)을 발달시키기 위한 의도적이고 행동 지향적인 노력이다.

인성교육이란 좋은 인성을 갖기 위하여 사람 마음의 바탕을 교육하는 것이다. 좋은 인성을 가진 사람으로 교육한다는 것은 인간으로서 바람직하고 보편타당한 가치를 추구하며 그 가치를 완성할 수 있도록 지도하는 것이다. 따라서 인성교육에 대한 정의를 내려 보면 사람의 성격, 사고, 신념, 가치, 태도, 감정, 자세를 포함한 전 인격적 품성을 올바르게 기르는 교육을 말한다고 할 수 있다.

인성교육은 마음의 바탕을 바르게 하도록 지도하고 사람 됨됨이를 높게 지도하는 것으로 인간의 행동 규범과 가치관 정립에 주요인이 되는 감성과 이성을 동시에 계발하여 긍정적인 태도를 갖게 함으로써 바람직한 사회인으로 성장시키는 전인교육이라고 할 수 있다.

인성교육은 인간교육(올바른 인간으로 키우기 위한 교육), 인격교육(좋은 인격을 형성하기 위한 교육), 덕성교육(어질고 너그러운 성질을 가르치는 교육), 성품교육(사람의 생각, 감정, 행동들을 좋게 만드는 교육)과 비슷한 의미로 사용하지만, 인간교육은 덕성과 능력을 신장시키는 교육임에 비해 인성교육은 주로 덕성 함양에 중점을 두고 있다.

인성교육은 개인의 인성이 교육에 의해 발달하도록 교육적 경험을 제공하는 일련의 활동으로, 인성은 지식(인지적 특성), 태도(정의적 특성), 행동(신체적 특성)의 순서로 발달한다고 본다.

인성은 교육을 통해서 자신만의 올바른 생각을 가지고, 태도를 바르게 하게 되고, 행동으로 나타나게 된다. 결국 올바른 인성을 가지려는 생각은 올바른 행동을 결정하게 되고, 올바른 행동이 반복되면 좋은 습관이 되고, 좋은 습관은 훌륭한 성품을 이루게 되고, 훌륭한 성품은 그 사람의 운명을 결정한다. 결국 인간의 운명은 어떤 인성을 갖느냐에 따라 결정된다. 그러므로 올바른 인성을 갖기 위해서는 올바른 인성교육이 이루어져야 한다.

3.

덕목의 의미

인성교육의 덕목은 인성교육에서 가르치고자 하는 덕을 분류하는 명목을 말한다. 즉 인성교육에서 무엇을 가르칠 것인가를 결정하는 것이 인성교육의 덕목이다. 결국, 인성 덕목은 올바른 인성을 가진 사람으로 교육을 하기 위해서 꼭 필요한 인성교육 항목이다.

인성교육이 효과를 보기 위해서는 인성교육을 담당하는 교사, 학부모, 인성교육 관계자가 선정된 인성교육의 덕목에 대해서 동조하고 이해가 되어야 한다. 인성교육 관련자가 인정하지 못하는 인성교육의 덕목은 현장에서 학생들에게 가르칠 수 없기 때문에 인성교육의 덕목을 선정하는 것은 매우 중요한 일이다. 그러나 인성이나 인성교육의 개념 자체가 보는 관점에 따라 다양하듯이 인성교육의 덕목 또한, 보는 관점에 따라 다양하여 보편적인 덕목을 만들기가 쉽지 않다.

인성교육의 덕목은 시대에 따라서 문화에 따라서 당연히 달라질 수밖에 없다. 인성교육에 있어서 덕목을 처음으로 강조한 것은 아리스토텔레스였다. 고대 그리스에서는 사회가 복잡하지 않고, 사회에서 요구하는 덕목은 많지 않았다. 그러나 점차 사회가 복잡해지면서 인성교육에서 요구하는 덕목은 증가하게 되고 복잡해진다. 따라서 인성교육의 덕목은 주장하는 사람에 따라서 시대에 따라 상황에 따라서 중요성이 다르며, 덕목에 포함되기도 하고 밀려나기도 한다.

인성교육의 덕목에 대해서는 외국이나 국내의 학자들뿐만 아니라 다양한 기관에서 덕목을 포함하여 인성교육을 강조하고 있거나 실천하고 있다. 따라서 현재 인성교육의 덕목을 선정하여 가르칠 때 누구의 덕목을 가르칠 것인가에 대한 합의가 부족한 실정이다.

지금까지는 주장하는 학자의 의도나 기관의 성격에 의해서 덕목을 선정하였고, 덕목대로 인성교육이 진행되어 왔다. 따라서 인성교육 관련자들이 동의하고 인성교육의 효과를 보기 위해서는 지금까지 거론된 덕목들 찾아 정리하고 이것을 바탕으로 현장에서 직접적으로 교육시키는 방법을 찾는 것은 매우 의미 있는 일이라 할 것이다. 더 나아가 인성의 발달을 목표로 하는 인성교육에 있어 학생들에게 필요한 핵심적 덕목을 가르친다는 것은 의미 있는 일이다.

이러한 덕목 중심의 교육을 지도하기 위해서는 먼저 덕목을 어떻게 분류하는가를 알아볼 필요가 있다. 인성교육에 대한 덕목은 외국에서 제시하는 것과 국내 학자들이 주장하는 것과 인성교육 관련 기관에서 채택한 인성교육 덕목이 있다.

4.

영유아 인성교육의 중요성 및 목표

현재 인류는 사회의 산업화, 도시화가 진전되면서 광범위하게 일어나는 인간소외 현상, 인명 경시 가치관의 팽배로 인한 충격적인 범죄 등 심각한 사회문제를 경험하고 있다. 사회적인 문제가 대두될 때마다 우리 교육에서 역점을 두어야 할 것으로 인성교육의 중요성을 들고 있다.

오늘날 인성의 중요성이 강조되면서 국회·정부·지자체와 기업 등 모든 기관이 인성교육의 실천과 확산을 위해 팔을 걷어붙이고 나섰다. 그동안 개별기관의 인성 실천 사례는 있었지만, 인성교육진흥법과 같이 법으로 인성교육을 장려하고, 정·관계와 기업·시민사회·언론이 함께 나선 것은 처음 있는 일이다.

인성교육의 중요성은 누구나 절감하고 있다. 인성교육이란 인간의 행동규범과 가치관 형성의 요인이 되는 감성 및 이성을 동시에 자극하여 긍정적인 의식을 고향시키고 부정적인 의식을 변화시킴으로써 새로운 가치관, 태도, 행동 양식으로 인간의 품성을 함양시키는 교육이다. '인성교육'은 종종 '인성지도', '도덕교육', '기본생활교육'이라는 용어와 함께 사용한다.

인성교육의 중요성은 사람의 인생 전반에서 이루어져야 하지만 어릴수록 인성교육은 중요하다. 어릴 때의 인성교육이 중요한 이유는 중학생과 고등학생에 비해 인성이 굳어지기 이전 단계이기 때문에 더 중요하다 할 수 있다. 사춘기를 거치면서 자아가 형성되어 버리면 사람의 근본 성향이나 인성이 굳어지게 마련이기 때문이다.

유아교육 사전에서도 어릴 때일수록 인성교육이 중요하다고 보았다. 유아교육 사전에서 의미하는 인성교육은 지식교육에 대비되는 것으로 학습자가 지니고 있는 성장 발달과정의 문제를 해결하고 긍정적인 인성의 발달을 촉진하기 위한 생활지도의 한 영역이며, 학습자들이 보다 건전하고, 바람직한 인성을 소유할 수 있도록 도덕교육뿐 아니라 인내심과 같은 덕목을 가르치는 것이라고 정의하였다.

이상과 같이 '인성교육'이란 인간의 인성이 바람직한 방향으로 형성될 수 있도록 돕고자 하는 교육을 의미한다고 볼 수 있다.

가. 영유아 인성교육의 중요성

발달적 측면 인성: 어린 시절에 어떤 경험을 하느냐에 따라 도덕적 행동의 수준을 결정하여 실천 위주의 인성교육이 필요하다.

개인적 측면 인성: 타인의 입장을 고려하고 예절과 질서를 지키며, 서로 더불어 살아가는 존재라는 것을 배우며 경험을 하도록 하여야 한다.

사회적 측면 인성: 어른에 대한 예절과 공경은 우리의 공동체 의식을 높여 줄 것이며, 유아기에 인성교육을 강화하는 중요한 요소가 될 것이다.

나. 영·유아 인성교육의 목표

자신을 존중하고 다른 사람과 더불어 생활하는 능력과 태도를 기르는 것으로 미래의 지식정보화 사회에 능동적으로 대처할 수 있는 인성 덕목을 갖춘 사람을 기르는 데 있다.

2013년 교육부에서 제시한 인성교육 강화 기본 계획(안)을 보면, 미래 인재에게 요구되는 친사회적 인성을 11대 핵심 덕목으로 선정하고, 학생들이 11대 덕목들을 학교 급별 학년 수준에 맞게 체계적으로 갖출 수 있도록 종합적인 인성교육 덕목을 제시하였다.

<표 2-3> 교육부에서 제시한 인성 덕목

범주	덕목	특징
나	정직	대표적인 도덕적 덕목이며 친밀하고 깊이 있는 인간관계의 기반이므로 정직하게 살도록 지도한다. 공정한 판단, 권리와 의무, 올바른 마음가짐, 양심, 용기, 의지, 정의감 등
	책임	도덕적인 학교와 사회를 만들기 위한 기본 핵심 가치로 스스로 선택하고 결과에 책임을 지는 태도를 갖도록 지도한다. 약속, 규칙, 차례준수, 정숙, 안전, 절제심, 준법정신, 인내, 절약, 의지 등
	효도	낳아주고 길러주신 어버이를 공경하도록 지도한다.

우리	존중	전통적으로 한국인이 중시해 온 핵심 덕목으로 나와 상대를 존중하고 다양한 가치와 문화를 존중하도록 지도한다. 이질성, 다양성, 상이성, 효도
	배려	2009년 개정 교육과정에서 추구하는 교육적 인간의 핵심 덕목으로 다른 사람에 대해 관심을 가지고 도와주거나 보살펴 주려는 마음가짐이나 태도를 갖도록 지도한다. 타인 이해, 친절, 이타심
	공감	서로를 연결해주는 감정적 연결고리로서 건전한 인격의 중요한 '정서적 토대' 상대방을 공감하도록 지도한다. 불우이웃돕기, 일손 돕기, 나눔, 봉사, 용서 등
	예절	상호존중으로 더불어 잘 살기 위해 약속에 따라 예의 바르게 행동하도록 지도한다.
사회	소통	공동의 문제를 해결하는 데 적극적으로 참여하는 사회적 역량으로 사람들과 소통하는 태도를 갖도록 지도한다. 신뢰, 적응, 문화 간 어울림, 정보통신 윤리 등
	공존	다양한 영역에서 다른 존재들과 함께 살아가도록 노력하도록 지도한다.
	소통	생각이나 뜻이 서로 오해가 없도록 서로 생각 나누도록 지도한다.
	협동	학교를 '민주적인 배움의 공동체'로 만들기 위한 핵심 가치이자 덕목으로 다른 사람과 힘을 합치는 자세와 태도를 갖도록 지도한다.

출처 : 교육부(2013). 배려와 나눔으로 모두가 행복한 인성교육 강화 기본 계획(안). 교육부.

5.

누리교육 과정에서의 인성 덕목

교육과학기술부는 2009년 미래 교육의 개념과 가치 재정립을 위해 '창의·인성교육 기본방향'을 발표하면서 '3~5세 누리과정'의 구성 방향에서는 질서, 배려, 협력 등 기본생활 습관과 바른 인성 및 자율성과 창의성을 기르는 데 중점을 두어 전인 발달을 이루도록 구성하였다.

유아기의 인성교육을 통해 유아는 긍정적인 자아감을 형성하고 남을 배려하면서 서로가 다름을 인정 할 수 있는 소양을 함양함으로써 더불어 즐겁게 삶을 영위할 수 있는 품성의 기초를 형성하게 된다. 인성교육을 통해 유아는 자신에 대해 이해하고 존중함은 물론 타인에 대해 배려하고 존중하면서 더불어 살기 위한 능력을 배양하도록 한다. 교육과학기술부(2019)에서 제시한 유아 인성교육 요소의 내용을 보면 다음과 같다.

〈표 2-4〉 누리과정에서의 인성교육의 요소 및 하위내용

덕목	의미 및 도덕적 기능	관련 덕목 및 인성 특질
배려	타인의 필요와 요구에 민감하게 반응, 공감하는 것	· 친구에 대한 배려 · 가족에 대한 배려 · 이웃에 대한 배려 · 동·식물에 대한 배려
존중	사람이나 사물은 기본적으로 그들의 존재만으로 존중할 가치가 있음을 인식하고, 그 가치에 대하여 소중히 여기는 것	· 자신과 전통 문화에 대한 존중 · 다른 사람들과 다른 문화에 대한 존중 · 생명과 환경에 대한 존중
협력	두 명 이상의 구성원이 공동의 목표를 설정하고, 이를 달성하기 위하여 개인적	· 긍정적인 상호의존성 · 개인적 책임감

	책임을 다하고 서로 조언 및 조력을 주고 받는 것	· 집단 협력
나눔	자기 스스로 우러난 마음에서 남을 돕기 위해서 하는 일로, 대가를 바라지 않고 지속적으로 도와주는 것	· 나눔의 의미 알기 · 나눔을 실천하기 · 나눔에 참여하기
질서	민주주의 사회에서 책임감 있는 민주 시민으로서 살아가기 위해 필요한 사회규범을 지키는 것	· 기초질서 · 법질서 · 사회질서
효	자식으로서 인간된 도리를 충실히 하는 것	· 부모에 대한 효 · 조부모에 대한 효 · 지역사회 어른에 대한 효

자료: 교육과학기술부(2019). 3-5세 연령별 누리과정. 보건복지부.

1) 배려

배려는 남을 도와주거나 보살펴 주려고 마음을 쓰는 것을 말한다. 유아가 배울 수 있는 배려의 대상은 자아에 대한 배려, 부모·교사·친구와 같은 친밀한 사람에 대한 배려, 이웃과 지역사회와 같은 낯선 사람과 멀리 있는 사람에 대한 배려, 동·식물과 땅에 대한 배려, 인간이 만든 세상에 대한 배려, 사상에 대한 배려가 있다. 유아가 배려심을 갖게 하기 위해서는 자신에 대한 이해를 바탕으로 배려의 대상을 위해 상대방을 염려하고 걱정하는 정신을 갖게 하고, 그 대상을 위해 책임감을 느끼고 성장할 수 있게 지도해야 한다.

2) 존중

존중은 소중하게 여겨 받드는 것을 말한다. 유아가 배울 수 있는 존중은 자신에 대한 존중에서부터 타인과 모든 사람의 권리나 그 존엄성에 대한 존중, 우리를 둘러싼 환경에 대한 존중, 지구상에 존재하는 생명에 대한 존중 등이 있다. 유아가 존중감을 느끼게 하기 위해서는 자신의 가치를 인식하고 어떤 사람이나 사물의 중요성에 대하여 경의를 표하는 마음을 갖도록 지도해야 한다.

3) 협력

협력은 힘을 합하여 서로 돕는 것뿐만 아니라, 공동의 목표를 설정하고, 이를 달성하기 위하여 개인적 책임을 다하고 서로 조언 및 조력을 주고받는 것을 말한다. 유아가 배울 수 있는 협력은 서로 도움을 주고받기, 서로의 의견·정보·자료를 공유하기, 서로 간에 친밀감 형성하기, 조직 내 역할 인식하기, 책임 완수하기, 공동의 노력하기 등이 있다. 유아가 협력감을 갖게 하기 위해서는 긍정적인 상호의존성과 개인적 책임감과 집단 협력하기 등의 마음을 갖도록 지도해야 한다.

4) 나눔

나눔은 물질적인 것이나 정신적인 것을 나누는 것을 말한다. 유아가 배울 수 있는 나눔은 자기 스스로 우러난 마음에서 남을 돕기 위해서 하는 일로, 대가를 바라지 않고 지속해서 도와주는 의미로 이해하는 것이다. 유아가 나눔을 생활화하기 위해서는 대가를 바라지 않고 자신이 가지고 있는 물질적인 것이나 정신적인 것을 나누려는 마음을 갖도록 지도해야 한다.

5) 질서

질서는 혼란 없이 순조롭게 이루어지게 하는 순서나 차례가 정돈되어 있는 것을 말한다. 유아가 배울 수 있는 질서는 기초질서(자기의 순서나 차례를 지켜야 하는 질서), 법질서(교통질서와 같이 국가의 법률이나 규칙을 지켜야 하는 질서), 사회질서(사회의 여러 요소와 집단이 조화롭게 균형을 이루는 질서) 등이 있다. 유아가 질서를 생활화하기 위해서는 민주주의 사회에서 책임감 있는 민주시민으로서 살아가기 위해 사회적 책임감을 기르고, 규칙과 법을 알고 따르는 시민 의식을 기르도록 지도해야 한다.

6) 효

효는 부모를 잘 섬기는 것을 말하고, 효도는 부모를 잘 섬기는 자식의 도리를 말한다. 유아가 배울 수 있는 효는 인간 된 도리를 충실히 하는 것으로 부모에 대한 공경을 바탕으로 부모를 기쁘게 할 수 있는 자녀의 역할을 습관화하는 방법이다. 유아가 효도를 생활화하기 위해서는 부모님의 은혜에 감사드리고 보답하고자 하는 마음과 태도를 형성하고 다양한 방법으로 효를 실천하는 것과 조부모님, 지역사회 어른들을 공경하도록 지도해야 한다.

제3장
발달단계에 따른 푸드놀이 지도 방법

FOOD PLAY

1.

아동 발달단계

아이는 발달단계에 따라 신체의 기능이나, 언어 구사력, 사고력 등에서 커다란 차이를 보인다. 따라서 아동을 위한 푸드놀이 활동이라고 해서 모든 시기의 아이들에게 똑같이 적용해서는 원하는 목표를 달성하기 어렵다. 따라서 아이의 발달단계에 따라 푸드놀이 활동은 달라져야 한다.

1~3세의 시기에는 아이들의 언어 구사력이나 사고력을 기대할 수 없기 때문에 신체 기능을 발달시키는 오감 자극, 대근육, 소근육, 협응력, 균형감각을 기르는 측면에서 푸드놀이 활동이기보다는 요리 재료를 가지고 하는 놀이 활동을 적용하는 것이 좋다.

4세는 언어 구사력이나 사고력을 어느 정도 기대할 수 있기 때문에 푸드놀이 활동을 통해 신체 기능을 발달시키거나 수학, 미술, 과학, 성취감, EQ, 사회성을 높이는 활동을 적용하는 것이 좋다.

5~7세는 신체 기능 발달이나 언어 구사력과 사고력이 발달하는 시기로 요리를 통하여 신체 기능 정교화, 수학·미술·과학 등의 학습능력을 높이거나, 예절, 바른 생활, 청결 의식을 높이는 활동을 적용하는 것이 좋다.

8세 이후에는 초등학교에 입학하는 나이로 언어 구사력이나 사고력뿐만 아니라 신체 활동이 정교화되어감에 따라 전문적인 푸드놀이 활동도 좋지만 푸드놀이 활동을 통한 창의력이나 논리력, 탐구력, 어휘력을 높이는 고급 활동을 적용하는 것이 좋다. 이를 도표로 분류하면 다음과 같다.

〈표 3-1〉 발달단계에 따른 푸드놀이 교육 지도 목표

나이	상황	목표
1~3세	신체의 급속한 발달 정서 표현 가능, 외부의 자극에 대해 민감	• 오감 자극 • 대근육 • 소근육 • 협응력 • 균형감각
4세	감정의 변화가 심함 신체운동 능력	• 신체 기능 발달 • 수학 • 미술 • 과학 • 성취감 • EQ • 사회성
5~7세	신체 기능 발달, 언어 구사력이나 사고력이 발달	• 신체 기능 정교화 • 학습능력 • 예절 • 바른 생활 • 청결 의식
8세 이상	언어 구사력이나 사고력뿐만 아니라 신체 활동이 정교화	• 창의력 • 논리력 • 탐구력 • 어휘력

프로그램의 분류는 목표를 기준으로 아이의 발달 수준에 따라 일반적인 프로그램을 제시한 것이므로 아이의 발달 수준에 따라서 목표나 프로그램을 변경할 수 있다. 프로그램의 난이도는 발달 수준이 높을수록 높으며, 상급 프로그램은 하위의 모든 목표를 포함하고 있다. 따라서 같은 나이라고 해도 발달이 수준이 빠른 아이에게는 난이도가 높은 프로그램을 진행하는 것이 좋으며, 발달 수준이 낮은 아이에게는 낮은 프로그램을 진행하는 것이 좋다.

2.

1~3세를 위한 지도 방법

1~3세가 되는 영아기에 아이는 기쁨이나 즐거움 같은 긍정적인 정서를 자주 표현한다. 또한 친숙하지 않은 환경에 대한 두려움이 나타나며, 낯선 사람에 대한 두려움이 나타나는 시기이다. 그러나 부모와 같이 자신을 존중해 주는 특정인에 대해서는 애착심을 갖고 기쁨을 표시한다. 부모는 아이의 정서 표현에 대하여 기쁘고 즐거운 태도를 보임으로써 긍정적인 정서를 촉진시킬 수 있다.

또한 이 시기의 아이는 자신의 감각 및 신체에 대한 인식은 초보적인 상태로 받아들여져 외부의 자극 중 주로 감각적 자극에 반응한다. 예를 들면 외부로부터 주어지는 단순한 시각, 청각, 촉각, 후각, 미각 등 감각적 자극에 대하여 민감하게 느끼거나 반응한다.

또한 손으로 만져보거나 눈으로 봄으로 인해서 자신의 감각 기관을 통해 주변 환경을 탐색할 수 있는 능력을 가지고 있다. 따라서 이 시기는 외부의 자극에 대하여 흥미를 가지고 있기 때문에 즐거움을 강화하기 위하여 새로운 장난감을 주는 것이 좋은데 이를 요리재료로 대신 활용하는 것은 매우 좋은 방법이다.

이때 푸드놀이 지도사는 아이들의 신체활동에 대하여 기쁜 감정을 표현해주면 아이의 행동을 강화하는 역할을 해준다. 그러나 한꺼번에 너무 많은 장난감이나 요리재료를 주면 과잉 자극이 되어 아이에게 혼란을 주므로 조심해야만 한다. 또한 단순한 기능을 반복하기보다는 아이에게 웃음과 즐거움을 줄 수 있는 게임 형태로 적용하는 것이 좋다.

또한 이 시기의 아이는 자신을 정성을 다해 보살펴 주는 사람을 좋아하고 그에 대하여 긍정적인 태도를 보이기 때문에 요리재료를 통한 놀이 활동을 하면서 아이에게 사랑과 헌신으로 안내하고 있다는 것을 알려주어 아이가 자아 존중감을 강화하는 데 도움을 주어야 한다.

이 시기의 아이는 부모가 모든 것을 다 해주는 것보다는 자신이 독립적으로 할 수 있다는 독립심을 키우고자 하기 때문에 부모는 아이가 쉽게 할 수 있는 푸드놀이 활동을 선정하여 독립적으로 할 수 있도록 많은 기회를 제공해 준다.

따라서 이 시기에는 아동에게 요리를 가르친다기보다는 요리 재료를 가지고 오감 자극하기, 대근육 조절하기, 소근육 발달시키기, 협응력 기르기, 균형감각 기르기 등의 놀이 활동을 할 수 있다.

다음과 같이 다양한 놀이 활동을 지도하는 것이 좋다.

〈표 3-2〉 1~3세 푸드놀이 교육 지도 활동

목표	구체적 활동
오감 자극하기	• 맛, 시각, 후각, 청각, 촉각을 자극할 수 있는 재료를 선정하여 오감을 자극을 하는 활동
대근육 조절하기	• 요리 재료를 들었다 놓기 • 요리 재료의 장소 변경하기 • 요리 재료를 옮기기
소근육 발달시키기	• 요리재료 집기 • 요리재료 껍질 벗기기 • 밀가루 반죽 모양을 만들기 • 밀가루 반죽 빗기
협응력 기르기	• 요리재료를 블록처럼 쌓기 • 요리재료를 끼우기 • 요리재료를 그릇이나 컵 등에 넣기
균형감각 기르기	• 요리재료를 수평으로 들기 • 요리재료를 수직으로 들기 • 요리재료의 같은 높이 맞추기

2.

4세를 위한 지도 방법

4세가 되면 감정의 지속시간은 아주 짧다. 아이는 기뻐했다가 금방 화내고 또 슬퍼졌다가는 금방 기뻐진다. 아이는 종종 놀이를 통해 자신의 정서를 표현한다. 따라서 이 시기에는 밀가루 반죽을 이용하여 자신의 정서를 표현하는 것을 만들도록 하는 것은 아이를 이해하는 데 도움을 준다. 또한 요리 재료를 가지고 자신의 느낌이나 재료의 입장이 되어서 이야기해보라는 역할극을 해보는 것도 좋다.

푸드놀이 지도사는 푸드놀이 활동에서 나타난 아이의 정서 표현에 대해 느낌을 알려주고 칭찬과 격려를 통해 아이의 능력을 인정해주는 것이 좋다. 이때의 아이는 안정적이고 일상적으로 습관화 된 일에 대해서 선호하고, 친숙하지 않은 새로운 요리재료나 활동에 대해서는 많은 불안감을 갖게 된다. 이럴 때 푸드놀이 지도사는 아이들이 안전하다는 것을 확신시키고, 계속해서 활동에 대한 이야기를 해 주고, 일정을 알려주는 것이 좋다.

이 시기의 아동은 다양한 신체활동을 경험하고, 적극적으로 참여하여 신체운동 능력을 증진하는 시기다. 기본적인 감각적 자극에 대하여 민감하게 반응하는 감각 능력을 가지게 된다. 자신의 신체를 긍정적으로 인식하는 시기로 자신의 신체를 조절하고 기본 운동 능력을 기르기 때문에 우선 신체의 명칭과 기능을 이해시켜야 한다. 또한 2가지 이상의 감각기관을 동시에 활용하기도 하며 다양한 감각기관을 활용하기도 하기 때문에 푸드놀이 활동을 통한 5감을 촉진하는 것이 매우 효과적이다.

푸드놀이 활동을 통해서 아이들이 갖는 불안감이나 좌절감을 없앨 수 있으며 자제력을 키우고 독립심을 발달하게 할 수 있다. 따라서 아이의 감정을 우습게 여기거나 결과에 대하여 벌주지 말고, 아이에게 푸드놀이 활동이 안전하다는 것을 설명하고, 못하는 것은 푸드놀이 지도사가 해 줄 것이라 신뢰감을 주어 안심시켜야 한다.

〈표 3-3〉 4세 푸드놀이 교육 지도 활동

목표	구체적 활동
대근육 조절하기	• 푸드놀이 활동을 통한 신체 각 부분의 움직임 알기 • 신체 각 부분의 특징을 활용하여 푸드놀이 활동하기 • 푸드놀이 활동을 통해서 신체 각 부분의 움직임을 조절하기 • 요리재료 섞기 • 요리재료를 다지기 • 요리재료를 반죽하기 • 도구를 활용하여 다양한 조작 운동하기 • 요리재료 던지기 • 요리재료 건네기
소근육 발달시키기	• 불러주는 요리재료를 골라 집어 들기 • 프라스틱칼이나 쵸코펜 등의 안전하고 간단한 도구를 사용하기 • 그리기나 만들기 도구 활용하기 • 요리재료를 던지거나 잡기 등 조작 운동하기
협응력 기르기	• 요리재료 껍질 벗기기 • 요리재료 자르기 • 요리재료 썰기
균형감각 기르기	• 푸드놀이 활동을 하면서 다치지 않는 안정된 자세를 취하기 • 정확하게 작품을 만들기 위해서 신체 균형을 유지하기 • 가장 편한 자세를 찾기 • 정확하게 작품을 만들기 위해서 신체 균형을 유지하기 • 푸드놀이 활동의 안전을 위해 바른 자세로 앉고 서기 • 푸드놀이 활동의 안전을 위해 바른 자세로 걷기
수학의 기본 개념 익히기	• 아라비아 숫자 만들기 • 홀수, 짝수 구별하기 • 더하기 개념 익히기 • 빼기 개념 익히기
과학의 기본 개념 익히기	• 촉감 구분하기 • 맛 구분하기 • 냄새 구분하기

	• 소리 구분하기
	• 색깔 구분하기
미술의 기본 개념 익히기	• 그리기
	• 붙이기
	• 오리기
	• 찍기
	• 만들기
EQ 높이기	• 성취감 느끼기
	• 자신감 키우기
	• 집중력 높이기
	• 인내력 키우기
	• 창의력 높이기
	• 사고력 키우기
	• 계획 세우기
	• 실천력 키우기
	• 표현능력 키우기
사회성 키우기	• 공동으로 만들기
	• 공동으로 정리하기
	• 성실성 키우기
	• 협동심 키우기

4.

5~7세를 위한 지도 방법

5~7세는 유아기의 신체적 건강과 발달은 모든 발달의 출발점이 되고 건강한 신체에서 건강한 정신이 형성될 수 있다는 점에서 그 의의는 크다. 현대 사회의 생활 방식이나 환경의 변화에 따라 과거에 비해 유아들의 체격은 많이 신장하였으나 체력은 저하되고 있다.

또한 유아의 신체 움직임은 단순히 신체적 건강이나 운동 기능을 향상시킬 뿐만 아니라 사회성 및 정서적 발달의 측면에 이르기까지 영향을 주기 때문에 매우 중요하다. 특히 오늘날 유아들은 과거에 비해 앉아서 하는 활동의 비중이 높고 유아기에 충분히 발달해야 하는 운동 기술의 부족으로 건강상의 문제를 갖게 되어 기본 운동 기능을 학습이 절대적으로 요구되는 시기이다.

심신의 조화로운 발달을 위해 예방적 차원에서 건강의 개념을 강조하고 신체 건강뿐만 아니라 정신건강도 도모한다. 건강에 대한 개념이 과거에는 개인의 신체적 상태로서 질병을 치료하는 의미로 사용되었으나 최근에는 이보다 훨씬 넓은 범위로 사용되어 신체적, 정신적, 사회적 안녕의 상태를 의미하는 것으로 확장되면서 건강에 대한 관심이 매우 높아졌다.

따라서 유아기의 푸드놀이 활동은 유아의 건강 생활을 실천하기 위해 필요한 지식뿐만 아니라 기술 및 태도도 체험하게 할 수 있다. 유아에게 있어 푸드놀이 활동은 다른 아동교육 분야와 달리 영양이나 건강과 관련하여 기본 지식을 습득하는 데 도움이 된다. 또한 푸드놀이 활동은 유아가 건강한 삶을 살도록 올바른 생활 습관이나 태도를 형성할 수 있게 해준다. 특히 푸드놀이 활동은 유아의 생존과 직결되므로 위험한 상황을 정확하게 판단하고 적절히 대처할 수 있는 기술을 습득하게 해준다.

5~7세 시기는 초등학교에 들어가기 전의 나이로 기초적인 학습능력을 배양해야 할 때로 유아들이 자연과 주변의 친근한 사물에서 예술적 표현의 소재가 되는 다양한 재료를 찾게 하기 위하여

직접 보고, 듣고, 만지고, 움직이고, 찾는 등의 능동적이고 직접적인 경험을 갖는 것이 필요하다.

또한 창의적 표현 능력의 배양을 위해 그림 그리기나 만들기, 율동 등과 같은 예술적 표현 활동이 필요하며 어휘, 문장 구성 능력 및 언어적 표현 능력을 길러야 할 때이다. 푸드놀이 활동은 주변의 쉽게 구할 수 있는 요리 재료를 직접 보고, 듣고, 만지고, 움직일 뿐만 아니라 그림 그리기나 만들기, 음악을 통한 표현 능력을 길러 주며, 푸드놀이 활동을 통해서 어휘, 문장 구성 능력 및 언어적 표현 능력을 길러줄 수 있다.

또한 기본 생활 습관으로서 예절, 질서, 절약 정신을 습득해야 하며, 가족의 소중함을 알고 형제 간에 화목하게 지내야 하는 것을 깨달아야 한다. 원만한 학교생활을 위해서 타인에 대해서 정직, 고마움의 표현, 실수에 대하여 사과하는 방법을 알아야 하며, 감정과 욕구 조절하기, 공동체 속에서 사는 방법을 터득해야 한다.

유아에게 푸드놀이 활동은 아이에게 식생활을 통한 예절, 질서, 절약 정신을 길러 주며, 직접 요리를 해 보면서 부모의 고마움을 알게 되고, 먹고 싶은 감정을 적절히 조절하는 능력을 기르게 된다. 또한 공동으로 푸드놀이 활동을 하면서 공동체 속에서 사는 방법을 터득하게 된다.

5~7세를 위한 푸드놀이 교육 지도 방법은 다음과 같다.

〈표 3-4〉 5~7세 푸드놀이 교육 지도 활동

목표	구체적 활동
수학의 개념 익히기	• 분류하기 • 순서 짓기 • 기초적인 측정하기 • 시간에 대한 기초 개념 알기 • 공간과 도형의 기초 개념 알기 • 기초적인 통계와 관련된 경험하기
미술의 개념 익히기	• 색의 혼합 알기 • 부조 만들기 • 소조 만들기 • 조각 만들기 • 입체 도형 만들기 • 공간지각 능력 익히기

과학의 개념 익히기	• 신체 각 부분의 명칭을 알려주기 • 신체를 만드는 영양소나 요리 재료를 연관시켜 알기 • 신체 각 부분의 구조와 기능을 알기 • 신체에 필요한 영양소가 알려주기 • 작품을 만들면서 자신의 신체 능력을 긍정적으로 인식하게 하기 • 요리 재료를 관찰하고 특성알기 • 물의 역할 알기 • 요리 도구 사용법 알기
예절 지키기	• 바른 자세와 태도로 식사하기 • 어른 먼저 먹기
바른 식생활하기	• 음식물의 필요성 알기 • 음식물 골고루 먹기 • 음식을 소중히 여기기
몸 깨끗하게 하기	• 요리하기 전 손 닦기 • 자기 주변을 깨끗이 하기

5.

8세 이후를 위한 지도 방법

8세 이후는 초등학교에 입학하는 나이로 부모는 무엇보다 학습능력의 향상을 원한다. 그러나 아이의 학습능력의 향상은 부모의 기대와는 다르게 형성되기도 한다.

공부는 하고 싶어서 해야 하는데 부모의 과도한 기대나 요구는 오히려 학습능력에 대해서 부담이 되어 더욱 공부와 멀어지게 하는 원인이 될 수 있다. 따라서 아이에게 학교나 학원에서 배우는 지식으로 학습능력을 높이기보다는 원리를 가르쳐 공부에 대하여 자기 주도적으로 참여하게 하는 것이 중요하다.

학습을 주도적으로 참여하게 하는 좋은 방법은 바로 푸드놀이 활동을 통한 것이다. 푸드놀이 활동은 아이의 흥미를 바탕으로 하고 있으므로 자연스럽게 푸드놀이 활동에 학습적인 요소를 가미함으로 인해서 자기주도학습능력을 기를 수 있다. 또한 아이들의 IQ를 높이기 위해서 필요한 것은 창의력, 논리력, 탐구력, 어휘력을 길러 주는 것이다.

푸드놀이 활동을 시작함에 있어서 창의력, 논리력, 탐구력, 어휘력을 높이는 활동을 전개한다면 IQ를 높이는 데도 도움이 된다.

또한 아이가 학교에 입학하면 새로운 학교 환경에 쉽게 적응할 수 있도록 도와주어야 한다. 학교생활에 잘 적응하기 위해서는 기본적인 생활 규범을 익히고 바른 인간관계를 형성하게 해야 한다. 따라서 푸드놀이 활동을 통해 생활 규범이나 예절을 익히게 하고 학습에 필요한 최소한의 기초적인 기능을 습득해야 한다.

〈표 5-5〉 8세 이후 푸드놀이 교육 지도 활동

목표	구체적 활동
창의력 높이기	• 주변 상황에 대해 관심가지고 탐색하기 • 새로운 요리재료 제공하기 • 새로운 요리 방법 알기 • 다양하게 생각하기 • 독특하게 생각하기
논리력 높이기	• 문제해결하기 • 공간지각능력 높이기 • 다양한 제작 방법 알기 • 다양한 결과가 있음을 알기 • 이야기 만들기 • 작품 결과 설명하기 • 원인과 결과 설명하기
탐구력 높이기	• 유추하기 • 관찰하기 • 비교하기 • 규칙 찾기 • 기억하게 하기 • 자기 주도적으로 하게 하기 • 변화 인식하기
어휘력 높이기	• 만든 목적 말하기 • 만드는 방법 말하기 • 사용한 도구 말하기 • 사용한 재료 말하기

제4장
푸드놀이 지도 방법

FOOD PLAY

1.

감성을 발달시키는 푸드놀이 지도 방법

요즘은 부모와 자녀 간에 대화를 나눌 수 있는 기회가 점점 줄어들고 있으며, 이혼가정의 증가와, 잦은 이사로 인하여 불안전한 가정에서 자란 아동이 과거에 비해 많아졌다.

또한 이들은 생활 속에서 많은 학업이나 부모로부터 스트레스를 받으며 자신의 감정을 잘 조절하지 못하고 화를 내거나 참지 못하는 경향을 보이고 있다. 또한 인내심이 적어 또래 아동과 싸움이 잦고, 쉽게 흥분하는 모습을 자주 볼 수 있으며, 이와 같은 경향은 아동에게 정서적 불안정을 가져오며, 거의 공격적이거나 그와 반대로 위축된 아동을 만들기 쉽다.

이러한 이유로 인해 현대사회에서는 청소년 비행, 학교생활에 적응하지 못하는 문제가 자주 발생한다. 이런 문제들에 대하여 기존의 I.Q로는 설명력을 잃고 있다. 그래서 머리는 좋은 것 같은데 정서적으로 성숙하지 못하여 학교생활에 어려움을 겪는 아동이 있는가 하면, 스스로의 충동을 잘 조절하여 훌륭한 대인 관계를 지속시켜 가거나 긍정적인 인생관으로 어려운 역경을 잘 이겨내는 아동도 많이 있음은 주변에서 흔히 볼 수 있다.

결국 이러한 문제를 해결하는 것은 I.Q가 아니라 무언가 필요한 것이 있는데 그것이 바로 감성인 것이다. 미래세대가 원하는 리더의 조건은 '감성'이다. 그래서 IQ를 중시하던 교육계에서도 감성교육을 중요시하는 바람이 불고 있다. 기업들도 머리가 아닌 가슴으로 공략해야 한다는 모토로 '감성마케팅'을 펼치고 있다. 그렇다면 감성은 무엇이며 왜 중요한 것일까?

감성이란 다양한 시각에서 정의가 가능하고, 또한 포괄적인 의미를 갖기 때문에 구체적으로 확정지어 정의하기가 어렵다. 그러나 군이 감성에 대한 정의 해보면 감성이란 자신의 오감(촉각, 미각, 청각, 시각, 후각)을 느끼고 이를 관리하고 조절하는 것이라고 할 수 있다. 또는 자신의 감정을 생산적으로 이용하며 다른 사람의 감정을 읽을 줄 아는 능력을 말한다.

감성이 중요한 이유는 감성이 다른 사람과의 인간관계를 맺는 것과도 매우 밀접하게 관련되어 있기 때문에 감성이 높은 사람은 다른 사람의 감정을 잘 이해해 주며 자신의 감정을 잘 통제하는 사람이기 때문에 많은 사람이 편안해하고 신뢰감을 주기 때문이다. 따라서 감성이 높을수록 자신감이 높고, 겸손해지며, 남들로부터 신뢰감을 받고 성실하며, 변화에 민감하고, 성취욕구가 강하며, 성실하며, 변화에 대한 개방성이 높으며, 낙관적이며, 조직에 헌신하며, 남들로부터 호감을 받으며, 지도력을 얻어 결국은 사회적으로 성공률이 높아진다고 할 수 있다.

그러나 명심해야 할 것은 감성적 지능이나 이성적 지능이 서로 별개의 지능인 것처럼 구분하시는 말아야 한다. 감성교육만을 중시하는 생각은 이성적 지능교육만을 강조하는 것만큼이나 잘못된 생각이라고 볼 수 있다. 인간은 감성과 이성이 조화롭게 어우러질 때보다 인간다운 인간으로 성장할 수 있기 때문이다.

아동의 자기감정 인식, 자기감정 조절, 자기 동기화, 감정 이입, 대인 관계 기술 등의 감성 능력을 키우려면 아동기부터 이루어져야 한다. 아동의 감성 능력은 부모가 만들어 주는 것이 아니라 아동이 자연스럽게 감정을 표현하고 수용하며, 생각을 나누고 감정 조절의 방식을 배우고, 서로 격려하며 어울려 지내는 경험을 통해서 키워질 수 있는 것이다. 그러므로 아동기에는 오감을 자극할 수 있는 다양한 자극을 통해 아동의 감성을 발달시켜야 한다.

아동에게 푸드놀이 활동을 지도하면서 감성을 높이는 방법은 다음과 같다.

1) 자신감과 긍정적인 생각을 길러 준다.

푸드놀이 활동을 통해 아동은 요리를 하는 과정에서 자기 자신이 직접 작품을 만들므로 나도 할 수 있다는 자신감과 함께 잘하는 것이 있다는 긍정적인 생각을 갖게 된다.

2) 인내력과 욕구를 조절하는 능력을 길러 준다.

아동은 요리를 만들면서 바로 먹는 것이 아니라 요리를 만들어서 먹으려면 일정한 시간 동안 기다려야 하므로 인내력을 기를 수 있다. 또한 편식하는 아동에게 있어서는 요리를 통해서 각 요리 재료들이 다 중요하다는 생각을 갖게 되어 욕구를 조절하는 능력을 길러 준다.

3) 자기 일을 계획하고 실천하는 능력을 갖게 한다.

푸드놀이 활동을 하기 위해서는 재료를 계량하고 조리 계획을 세워야 한다. 또한 조리 계획에 따라 푸드놀이 활동을 해야 원하는 작품을 만들 수 있기 때문에 아동은 자기 일을 계획하고 실천하는 능력이 길러진다.

4) 창의성을 길러 준다.

요리는 수많은 요리 재료를 가지고 다양한 조리 방법을 통해서 만들어 지기 때문에 똑같은 작품은 나올 수 없다. 따라서 푸드놀이 활동을 통해서 아동은 다른 아동의 작품을 보고 자신의 작품과 비교하면서 자신이 만든 방법만 있는 것이 아니라 다양한 방법이 있다는 것을 알게 되고 이를 통해서 창의력이 길러진다.

5) 자신의 감정을 표현하는 능력을 길러 준다.

아동은 자신이 주어진 요리의 목표에 따라 조리 활동을 하다 보면 자신의 감정을 작품에 반영하여 만들게 된다. 따라서 푸드놀이 활동을 통해 자연스럽게 아동이 가지고 있는 감정을 표현하는 능력을 갖게 된다.

6) 성실성과 협동심을 길러 준다.

푸드놀이 활동은 개별적으로 이루어지기도 하지만 집단으로 이루어지기도 한다. 개별적으로 푸드놀이 활동을 할 때는 순서대로 해야 하므로 작품 활동 내내 성실하게 요리에 몰두해야 한다. 따라서 아동은 요리 과정에서 성실성을 배우게 된다. 집단 푸드놀이 활동에서는 나만 잘 만들어서 되는 것이 아니라 동료들도 잘만 들어주어야 작품이 잘 나온다는 것을 깨닫게 되어 협동의 중요성을 깨닫게 된다.

2.

창의력 향상을 위한 푸드놀이 지도 방법

아동의 창의력 향상에 대한 부모의 관심은 뜨겁기만 하다. 오늘날의 사회는 과거 산업화사회에서 지식사회, 정보화 사회로의 대변혁의 과정을 거치고 있다. 이것은 우리 사회 전반에 큰 변화를 가져오는 현상으로 상당한 불확실성과 복잡성이 내포된다. 그래서 예측 불가능성이 증가하기에 많은 사람에게 스트레스를 주고 '위협'으로 느껴지게 한다.

따라서 21세기를 살아가는 우리에게 가장 필요한 것은 바로 독창적인 사고의 차별성이라고 할 수 있다. 그래서 아동 때부터 청소년기에 이르기까지 창의력 개발 교육은 물론 심지어 창의력 있는 아동을 낳기 위한 태교법도 생겨나고 있다. 지금까지는 어떻게 하면 많은 양의 지식을 습득하느냐가 교육학의 연구 대상이었다면 이제는 지식의 양보다 이를 통합적으로 응용하는 능력이 강조되고 있다. 더욱이 지금의 획일적인 공교육에 대한 비판의식이 높아지는 가운데 창의력이 차세대의 경쟁력을 좌우할 자질로 평가받고 있기 때문에 창의력이 경쟁력을 결정하는 시대가 되었다.

창의성에 대한 전문가들의 개념 정의는 다양하다. 흔히 창의성 하면 '엉뚱하고 기발한 아이디어'를 연상하지만, 창의력은 이보다 훨씬 포괄적인 개념이라 할 수 있다. 즉 창의력이란 기존에 없던 무언가를 새롭고 독특한 것으로 만들어내는 능력이다.

늘 같은 것만 보고, 생각하고, 같은 방식으로만 행동하는 아동은 환경에 아주 작은 변화만 있어도 어쩔 줄 몰라 하며 당황하지만 다양한 것을 보고, 듣고, 사물을 바라보는 다방면의 시각을 기른 아동은 어떤 상황에 부딪혀도 차분하고 현명하게 보다 나은 답을 찾아낸다.

창의력은 결코 특별한 사람만이 가진 거창하고 특수한 것이 아니라, 다른 사고능력과 마찬가지로 누구나 가지고 있는 보편적 능력이며, 그렇기 때문에 학습과 훈련으로 개발될 수 있다.

학자들에 따라 약간의 차이가 있기는 하지만 창의력은 대략 3세~5세 사이에 최고조에 달하여 발달하고 이후에는 서서히 퇴화한다고 한다. 어릴 때 창의성 계발이 절대적으로 중요한 이유가 바로 여기에 있다.

창의력은 열심히 노력해서 길러지기보다는 타고난 능력이라고만 생각했고 그래서 다른 사고능력에 비해 어렵고 복잡한 능력이라고만 생각했다. 그러나 푸드놀이 지도사가 조금만 주의를 기울여도 일상적으로 스칠 수 있는 사소한 것으로부터 아동들의 창의력을 키워줄 수 있다.

요리는 다른 어떤 아동교육보다 창의적 사고가 필요하며, 푸드놀이 활동 결과 독창적이며, 질적으로 우수한 사고를 산출하는 데 효과가 있다. 특히 만들어진 요리는 만드는 과정에서 만드는 방법이나 숙련도에 따라 결과가 아주 다양하게 나오므로 창의성이 높아질 수밖에 없다.

푸드놀이 활동을 통한 창의력 향상 방안 높이는 방법은 다음과 같다.

1) 아동이 만들고 싶은 것을 만들게 한다.

아동들에게 푸드놀이 활동을 통해서 자신이 만들고 싶은 것을 만들도록 몰두하게 해주면 창의적 아이디어가 샘솟듯 쏟아져 나온다. 특히 지시와 명령 속에 자란 아동들에게 요리재료를 주고 만들고 싶은 것을 만들게 해주면 꽁꽁 묶여 있었던 창의성이 출구를 찾으면서 술술 풀려나오는 것이다. 따라서 아동들이 하고 싶은 일을 찾아서 그 일을 하게 해주는 것이다.

뿐만 아니라 아동들이 만들고 싶은 것을 만들게 하되 푸드놀이 활동을 하면서 아동들의 창의성을 자극하는 대화를 나누면 아동의 창의성은 더욱 증가하게 된다. 아동의 푸드놀이 활동을 통해서 창의성을 높일 수 있는 대화 방법은 다음과 같은 것이 있다.

예

푸드놀이 지도사 : "우리 00은 뭐가 가장 좋아?"

아동 : "응 동물이 제일 좋아요."

푸드놀이 지도사 : "어떤 동물이 제일 좋은데?"

아동 : "난 기린이 제일 좋아요."

푸드놀이 지도사 : "기린이 좋은 이유는 무엇이지?"

아동 : "키가 커서요."

푸드놀이 지도사 : "키가 큰 것이 뭐가 좋은데?"

아동 : "나중에 나도 큰 사람이 되려고요."

아동과 푸드놀이 지도사의 대화에서 보듯이 푸드놀이 활동을 하면서 푸드놀이 지도사는 아동이 좋아하는 것을 찾아내 대화를 계속 유도해 나감으로 인해서 사고를 자극하게 하고, 아동은 답변을 찾는 과정에서 창의력이 나타나도록 해야 한다.

2) 원리와 결과 말해 보게 한다.

세상의 거의 모든 일은 원인과 결과가 있듯이 요리에도 원인과 결과가 있다. 즉 재료인 원인이 있어야 작품인 결과가 있다는 것이다. 푸드놀이 활동 중에도 만들고 싶은 것을 만들 때 재료가 어떤 것이 좋은지를 생각하고 찾아내게 한다면 아동은 사고가 발달하게 된다. 또한 재료를 가지고 어떤 결과가 나오는지를 지속적으로 물어보면 아동의 창의력은 높아지게 된다.

예

푸드놀이 지도사 : "자동차는 뭐로 만드는 게 좋을까?"

아동 : "무하고 당근이요."

푸드놀이 지도사 : "그럼 바퀴는 뭐로 만들지?"

아동 : "당근이요."

푸드놀이 지도사 : "차가 잘 굴러가려면 바퀴는 몇 개가 필요하지?"

아동 : "4개요"

예

푸드놀이 지도사 : "밀가루에 물을 부으면 어떻게 될까?"

아동 : "밀가루가 뭉쳐져요."

푸드놀이 지도사 : "밀가루가 뭉쳐진 것을 반죽이라고 하거든, 근데 반죽을 어떻게 하면 평평해
질까?"

아동 : "방망이로 밀어요."

푸드놀이 지도사 : "그럼 반죽한 것으로 모양을 만들려면 어떻게 하는 것이 제일 예쁠까?"

아동 : "모양틀로 찍어 내요."

푸드놀이 지도사 : "그럼 네가 좋아하는 모양은 어떤 거지?"

아동 : "별 모양이요."

3) 반대말을 말해 보게 한다.

  푸드놀이 활동을 할 때 현재 사용하고 있는 요리 재료나 푸드놀이 활동에 대한 반대말을 찾게 하면 아동은 뇌의 자극을 통해서 지능의 향상은 물론이고 상상력과 창의력이 발달하게 된다. 반대말은 서로 정반대되는 관계에 있는 말을 말하는 것으로 사전적인 뜻으로만 생각한다면 어렵지만, 아동들의 입장에서 생각하면 아주 간단하다. '크다', '작다' 또는 '길다', '짧다'처럼 서로 비교될 만한 것들을 찾으면 되는 것이다.

  푸드놀이 활동을 하면서 반대말을 찾는 데 익숙한 아동은 두뇌 회전이 빨라지게 된다. 또한 아동은 반대말을 찾는 것도 놀이라고 인식하여 통해 경쟁적으로 답을 생각하기 때문에 사물의 특징을 파악하는 힘도 더욱 커진다. 그러나 아동이 반대말을 잘 찾아내지 못할 때는 가장 기초적인 것부터 시작하여 단계별로 어려운 반대말을 찾도록 한다.

  예

  푸드놀이 지도사 : "수박과 오렌지 중 어떤 것이 크니? 작니?"
  아동 : "수박요."
  푸드놀이 지도사 : "그럼 작은 것은 무엇이지?"
  아동 : "오렌지요."
  푸드놀이 지도사 : "그럼 어묵은 기니 짧니?"
  아동 : "길어요."
  푸드놀이 지도사 : "그럼 짧은 것은?"
  아동 : "마늘이요."

  요리를 통한 반대말 찾기를 통해 아동은 새로운 단어를 알게 되고, 대립되는 말과 사물을 연결함으로 인해서 굳이 뜻을 설명해 주지 않아도 짐작으로 알게 된다. 결국 사물을 보는 눈도 그만큼 넓고 다양해지는데, 다양하게 생각하는 것이야말로 창의력의 중요한 요소 중 하나다.

4) 수수께끼를 내어 풀도록 한다.

  아동과 푸드놀이 활동을 할 때 푸드놀이 지도사가 아동에게 수수께끼를 내어 풀도록 하면 아동은 추리력과 논리력을 키울 수 있다. 푸드놀이 활동을 중에 수수께끼를 내는 방법은 사고력이 발달하지 않은 저연령의 아동에게는 푸드놀이 지도사가 아동과 푸드놀이 활동을 하면서 쉽게는 재료나 요리 방법의 이름을 알아맞히는 놀이를 하면 된다. 그러나 사고력이 높은 아동은 아동의 수준에 맞게 단순한 수수께끼보다는 결과를 상상해서 말하게 하는 수수께끼를 내는 것이 좋다.

수수께끼의 답은 원래는 하나이지만 보통 아동은 다양한 답을 낸다. 그러나 생각하기에 따라 정답이 백 개가 넘는다면 아동은 끝없이 상상의 나래를 펼 것이다. 똑같은 문제라도 아동의 연령에 따라 답이 달라질 수 있어야 좋은 수수께끼가 된다.

아동의 지적 능력과 연령에 따라 단계가 나누어 수수께끼를 하는 것은 아동의 상상력을 자극하는 데 매우 좋다. 1단계 문제라고 해서 아주 어린 아동에게만 물어볼 필요는 없다. 연령이 많을수록 그만큼 생각의 폭이 넓어서 뜻밖이 좋은 답이 나올 수 있다.

예

푸드놀이 지도사 : "여기서 빨간색은 뭐가 있지?"

아동 : "고추, 당근이요."

푸드놀이 지도사 : "그럼 고추를 먹으면 어떻게 될까?"

아동 : "매워요."

푸드놀이 지도사 : "그럼 고추를 어디에 넣으면 좋을까?"

아동 : "김치, 고추장, 멸치 볶음이요."

푸드놀이 지도사 : "넌 어떤 게 제일 맛있어?"

아동 : "다 맛없지만 그래도 멸치 볶음이 맛있어요."

만약 아동이 엉뚱한 대답을 하면, 왜 그런 생각을 하게 됐는지 반드시 확인해야 한다. 그러지 않고 그냥 틀렸다고 해버리면 아동은 크게 실망하게 된다. 아동의 상상력은 어른들이 생각하는 것보다 훨씬 뛰어나므로 인내심을 가지고 이야기를 들어주는 것이 좋다. 아동의 생각을 인정해주고 칭찬할 때 창의력도 커질 수 있기 때문이다.

아동이 창의력이 풍부한 답을 하지 못하게 되면 푸드놀이 지도사가 몇 가지 정도의 답을 말해주고 그 이류를 간단하게 설명해줘야 한다. 그러한 서너 번의 반복을 통해 아동은 다양하게 생각하는 방법을 배우게 된다.

3.

성취감을 위한 푸드놀이 지도 방법

요즘의 아동들을 의지가 약하다고 한다. 그것은 어떤 일을 하든 쉽게 지치고 쉽게 포기하기 때문일 것이다. 그래서 부모들은 어떻게 하면 아동을 강하게 키울 수 있는가에 고민이 많다.

자신감이 없는 아동을 보면 과잉보호하는 부모의 양육 태도를 발견할 수 있다. 어려서부터 이것저것 스스로 해본 게 많아야 "할 수 있다"는 마음이 드는데 과잉보호하는 부모는 아동이 할 수 있는 것을 부모가 대신해주거나 부모의 불안 때문에 못하게 하는 경우가 많아 아동 스스로 성취감을 기를 기회가 없다. 경험해본 게 적으니 무엇을 할 때 덜컥 겁부터 나고 시도도 해보지 않은 채 도움만 청하게 된다.

자녀를 강하게 키운다는 것은 결국 자녀에게 불굴의 정신을 길러 주는 것이다. 아동이 모든 일에 쉽게 포기하지 않게 하려면 푸드놀이 지도사는 아동이 세운 목표를 달성하기 위해서는 어떠한 상황이 와도 포기하지 말고 꾸준히 도전하도록 해야 함의 중요성을 알려주어야 한다. 그러나 이처럼 포기하지 않도록 아동을 지도하는 것은 쉬운 일이 아니다. 자기가 알아서 하는 것이 아니라 부모의 의지에 의해서 끌려가기 때문이다. 따라서 아동이 스스로 포기하지 않게 하려면 그것은 바로 성취감을 느끼게 해 줌으로 인해서 가능해진다.

성취감이란 어떤 일을 완성했을 때 느끼는 만족감을 말한다. 따라서 성취감을 느껴 본 아동은 만족감이 높아서 어떤 일도 시작하면 포기하지 않게 된다. 그렇다면 우리 아동에게 성취감을 느끼게 해주는 방법은 무엇인가? 그것은 바로 아동들이 재미있어하는 것을 하게 해 준다면 아동은 포기하지 않게 된다.

요리는 어떤 아동은 흥미를 느끼는 분야다. 따라서 푸드놀이 지도사는 아동들이 흥미를 느끼는 요리를 통해서 작품을 선정하고 그것을 만드는 과정에서 아동은 성취감을 느끼게 해주면 된다. 요리를 통해 목표에 도달한다는 성취감은 결국 아동에게 높은 자신감을 준다. 이렇게 쌓인 자신감은 어른이 되어서도 목표를 잃지 않는 자신 있는 삶을 살게 해 준다.

푸드놀이 지도사가 험난한 세상에 아동들에게 가르쳐 줄 것은 성공을 위해 줄 수 있는 것은 포기하지 않는 사람으로 만들어 주는 것이다. 인생이란 운동 경기와 비슷하다. 지다가도 이기는 것이 운동 경기이다. 운동 경기의 극적인 감동은 역전승의 기쁨이라 할 수 있다. 지고 있다고 포기하면 정말 이길 방법이 없다. 그러나 언제나 상황은 달라질 수 있다고 믿고 포기하지 않으면 뒤집어 질 수도 있다.

따라서 푸드놀이 지도사는 아동에게 성취감을 경험하게 해서 지속적으로 도전하게 만드는 것이 중요하다. 푸드놀이 지도사는 푸드놀이 활동을 하면서 아동에게 포기하지 말고 작품을 만들도록 격려하고 칭찬하는 것을 통해서 아동은 성취감을 느끼게 된다. 또한 푸드놀이 활동을 하면서 푸드놀이 활동과 관련하여 성공한 위인들의 이야기를 들려주는 것도 포기하지 않고 끝까지 작품을 만드는 데 도움이 된다.

유명한 위인들이 성공한 이유는 뚜렷한 목표 의식을 가지고 포기하지 않고 목표를 달성했기 때문에 성공을 이룬 것을 알려 주어야 한다. 아동은 푸드놀이 활동을 통해서 자신이 만들어야 하는 작품을 설정하고 작품을 만들면서 요리를 통한 성취감을 아동에게 알려준다면 아동은 포기하지 않는 삶을 살게 될 것이다.

푸드놀이 활동을 통한 성취감을 높이는 방법은 다음과 같다.

1) 격려해 준다.

강박감이 많거나 결벽증처럼 완벽주의적인 푸드놀이 지도사는 아동의 요리 결과에 대하여 평균 이상의 높은 기준을 요구하거나 아동다운 실수를 용납하지 못하게 되면 아이를 자주 혼내게 된다. 이런 푸드놀이 활동은 오히려 아동이 아주 우수한 능력을 갖고 있더라도 자기는 늘 못한다고 생각하게 만드는 원인이 된다.

처음 푸드놀이 활동을 하는 아동일수록 우선 아동의 기를 살려주는 게 필요하다. 아동은 자꾸 혼나고, 비교당하고, 하는 것마다 제지당한다면 당연히 기가 죽는다. 따라서 요리를 잘못하거나 원하는 형태로 하지 못하더라도 푸드놀이 지도사가 아동을 사랑하고 믿어주고 있다는 확신이 아동 마음속에 들도록 지도해주어야 한다. 아동 스스로 뭐든지 많이 해보게 하여 스스로 성취감을 맛보게 해야 한다. 수학 점수 100점을 맞은 것이나 요리를 해서 결과를 만들어 낸 것은 아동에게는 똑같은 성취감을 준다. 푸드놀이 지도사가 할 일은 아동의 시행착오를 격려하고 지켜보면서 잘못하는 것은 옆에서 도우며 성취감을 느끼도록 해주어야 한다.

2) 만들고 싶은 것을 만들게 해준다.

하기 싫은 것을 시키면 누구든지 하기 싫어한다. 마찬가지로 푸드놀이 활동도 푸드놀이 지도사의 의지에 의해서 아동에게 무조건 만들라고 하면 아동은 푸드놀이 활동에 싫증을 느끼게 된다. 따라서 푸드놀이 활동을 통해서 성취감을 높이려면 주제는 아동이 원하는 것을 푸드놀이 지도사가 정해 주는 것이 좋다. 주제를 정할 수 없는 아동은 푸드놀이 지도사가 주제는 정해 주되 만드는 방법은 아동이 자기 마음대로 만들 수 있도록 놓아두어야 한다.

아동이 만들고 싶은 주제나 방법을 선정할 때 학습적인 효과를 얻으려면 푸드놀이 활동을 하면서 아동의 사고를 자극할 수 있는 질문을 통해서 아동의 생각이 잘 드러나도록 표현하게 하는 것이 좋다. 그러나 푸드놀이 지도사의 욕심대로 높은 생각을 표현하게 하거나, 높은 수준의 작품이 나오기를 바라면 요리에 익숙하지 못한 아동은 푸드놀이 활동도 하나의 스트레스가 될 수 있다.

푸드놀이 활동을 하면서 푸드놀이 지도사가 질문을 잘하면 아동이 답변하기가 쉽지만, 질문을 잘못하면 아동은 오히려 답을 하기가 어렵다. 따라서 질문을 하기는 쉽지만 좋은 질문을 하는 데는 고려할 부분들이 있다. 좋은 질문이 되기 위한 조건들을 따져보면 다음과 같다.

첫째는 질문은 명확하고 간결하게 해야 한다. 질문이 명확하고 간결해야 아동은 무모의 질문이 무엇을 묻는 것인지를 아동이 쉽게 이해하여 대답할 수 있다. 또한 질문이 무모가 원하는 응답의 방향과 내용으로 유도할 수 있다. 그러나 질문이 명확하지 못하고 간결하지 못하면 아동은 무모의 질문 의도를 알지 못해 적절한 답변을 찾느라 고생하게 된다. 따라서 설명적인 장황한 질문이나 이중, 삼중의 중복적인 내용의 질문은 피해야 한다.

둘째는 여러 가지를 물을 때는 질문을 계열화한다. 한꺼번에 여러 가지 질문을 동시에 해야 할 때는 생각나는 대로 임의의 순서로 묻기보다 가장 먼저 질문해야 할 것부터 차례차례 물어 결론 부분에서 하는 질문 순으로 계열화하는 것이 바람직하다.

셋째는 개인차를 고려하는 질문을 한다. 질문은 아동의 개인차에 따라 난이도를 고려하여 지적 능력이 높은 아이에게는 어려운 질문으로 자극을 주어 학습 의욕을 일으켜 주고 학습 부진아에게는 쉬운 질문으로 성취감을 경험하도록 하여 자신감을 갖고 참여하도록 하는 것이 바람직하다.

3) 쉽고 재미있는 것을 만들도록 해야 한다.

요리는 어른이 해도 어려운 요리가 많다. 신체 발달이나 정교함이 떨어지는 아동들에게는 요리가 어려운 것일 수 있다. 요리가 어려워지면 어려워질수록 중간에 포기하게 되므로 오히려 좌절감만 주게 된다. 따라서 요리는 3~4가지의 요리 과정으로 끝날 수 있는 요리를 만들게 하는 것이 좋다. 어차피 푸드놀이 교육은 아동에게 요리를 가르치는 것이 목적이 아니라 요리를 통해서 여러 가지 교육적 효과를 얻기 위해서 하는 것이므로 아동이 쉽게 만들 수 있는 것이 좋다. 아동들이 쉬워하는 푸드놀이 활동을 선택하려면 이미 아동이 알고 있었던 내용이나 경험한 사실을 토대로 하는 요리 방법이나 작품을 선정하는 것이 좋다.

4) 만들 시간을 충분히 준다.

아동이 푸드놀이 활동을 할 때 푸드놀이 지도사는 아동에게 요리 작품을 만들도록 하고 충분한 시간을 주고 기다려 주어야 한다. 푸드놀이 지도사의 수준에서 생각하여 아동에게 작품을 만들라고 지시한 후 얼마 되지 않아 아동에게 결과물을 재촉하게 되면 아동은 시간에 쫓기게 되어 마음껏 만들지를 못한다. 그러다 보면 푸드놀이 활동에 대하여 강박관념이 생기기 쉬우므로 아동에게 충분한 시간을 주어 오감을 경험하고 자신의 생각을 충분히 반영할 수 있도록 해주어야 한다.

4.

집중력 향상을 위한 푸드놀이 지도 방법

　최근 집중력이나 인내력이 낮은 아동들이 부쩍 늘고 있다. 부모들은 아동이 산만하고 집중력 부족하다고, 생각이 들면 아동들이 게으르거나 머리가 나빠서라고 생각하지만, 실제 집중력이 부족한 아동들을 살펴보면 그 원인이 부모와의 관계에서 비롯되는 경우가 많다.

　집중력을 높이려면 가족들이 일관성 있게 아동을 대하고, 아동과의 대화도 건성으로 임하지 않는 것이 중요하다. 특히 언어가 발달하지 않은 만 3세 이전의 아동은 푸드놀이 지도사가 함께 놀아주면서 아동의 마음을 진심으로 읽어주고 눈으로 이야기를 나누어 아동의 진심이 무엇일까를 파악하도록 해야 한다.

　따라서 아동과의 요리를 매개체로 한 놀이나 대화는 일상적인 아동과의 대화보다 아동의 정서 상태를 파악하는 데 유리하다. 요리를 통해 푸드놀이 지도사는 지금 아동이 가진 기분 상태나 하루 동안 가장 즐거웠던 일 등 정서적인 부분을 표현하도록 하면 아동의 마음을 진심으로 이해하는 데 도움이 되며 이를 바탕으로 푸드놀이 지도사가 아동에게 해야 할 말과 행동을 결정하게 된다. 뿐만 아니라 아동이 푸드놀이 활동에 집중함으로써 아동은 작품을 만들면서 정서적으로 안정감과 집중력을 높일 수 있다.

　집중력은 한 가지 일에 마음이나 주의를 집중할 수 있는 힘을 말한다. 집중력이 부족한 아동은 어떤 놀이를 하다가도 다른 놀이로 자주 바꾼다. 따라서 집중력이 부족한 아동은 한자리에서 주어진 과제를 완수해 성취감을 맛보는 일이 적고, 산만하고 충동적이다. 집중력이 부족한 아동은 상황 변화에 따른 대처 능력도 떨어지고 결국에는 학습능력에도 영향을 미친다. 특히 한 가지 일에 금방 싫증을 느끼거나 산만하게 몸을 많이 움직이거나 손톱을 물어뜯는 등의 행동은 불안한 마음이나 심리적인 스트레스 때문이다.

집중력이 떨어지는 이유는 우선 아동의 정서가 불안정하기 때문이다. 가장 중요한 것은 엄마와의 관계가 불안정하고 어릴 적부터 일관성 없는 육아법 속에서 자라난 아동은 집중력이 부족한 경우가 많다.

아동은 6세 정도가 되면 자기 통제 능력이 생겨 자신의 생각이나 느낌을 관찰하고 조절하는 게 가능해진다. 특히 초등학교 1, 2학년 아동들이 집중력 문제로 가장 큰 어려움을 겪는데 이를 방치하면 학업에도 지장이 있을 뿐만 아니라 사회성 발달이나 성격 발달에도 좋지 않은 영향을 미칠 수 있다.

아동의 집중력을 평가하는 방법은 일반적으로 숙제나 공부를 하는 상황에서 초등학교 저학년은 평균 15~20분 정도, 고학년은 평균 30분 정도 집중력을 보인다. 따라서 초등학교 다니는 아동이 15분 이상 집중하지 못하면 집중력이 부족한 것으로 볼 수 있다.

푸드놀이 활동을 통한 집중력을 높이는 방법은 다음과 같다.

1) 흥미 있는 것을 만들게 한다.

컴퓨터 게임을 할 때는 꼼짝하지 않고 몇 시간씩 앉아 있으면서도 다른 일은 5분도 채 버티지 못하는 아동들 때문에 고민하는 엄마들이 적지 않다. 게임은 강한 자극을 주기에 자연스럽게 집중력을 높이지만 다른 일들은 그만큼 재미가 없기 때문에 흥미를 유발하지 못한다는 것이다. 따라서 푸드놀이 활동을 통해서 아동은 평소에 관심을 가지고 있거나 흥미 있는 환경을 만들어 주고 좋아하는 것을 만들게 하면 자연스럽게 몰입이 되어 집중력이 높아지게 된다.

2) 목표를 정해 준다.

집중력이 낮은 아동은 주변의 사소한 자극에도 쉽게 주의를 빼앗기기 때문에 요리를 하는 도중에 주어진 시간 안에 주어진 과제를 끝내지 못할 수도 있다. 따라서 정확히 무엇을 만들어야 하는지, 언제까지 끝내야 하는지 목표를 정해 주어야 한다. 그러나 처음부터 아동이 하기 어려운 정도의 목표는 오히려 싫증을 느끼게 할 수 있다. 따라서 아동의 집중력이 부족한 것에 반비례해서 목표를 설정해주어야 하며, 이를 통해 아동은 성취감과 함께 집중력을 높일 수 있다.

3) 정서적으로 안정감을 느끼게 해준다.

아동은 정서적으로 안정되어야만 집중력을 높일 수 있다. 아동이 불안감을 느끼게 되면 언제 닥칠지 모르는 위협으로부터 자신을 보호해야 한다는 생각에 푸드놀이 활동에 집중하지 못하고 주위를 살피다 보면 산만해지게 된다. 따라서 푸드놀이 활동을 할 때는 아동이 불안감을 느낄 수 있는 원천들을 제거해서 아동이 정서적으로 안정된 상태가 되어야 푸드놀이 활동에 집중할 수 있게 된다. 정서적으로 안정감을 갖게 하는 방법은 요리를 하면서 아동을 안아주고, 쓰다듬어 주는 등 신체 접촉을 자주 하면 아동이 정서적으로 안정된다.

4) 자신감을 키워 준다.

자신감이 부족한 아동일수록 한 가지 일에 몰두하지 못한다. 집중력이 낮은 아동 중에는 자존감이 부족하고 주눅이 들어 있는 경우가 많은데 이는 푸드놀이 지도사의 기대치를 채우지 못하는 자기 자신에 대한 불만과 푸드놀이 지도사로부터 혼날 거라는 두려움 때문이라고 한다. 결국 집중력을 높여주려면 아동이 자신감을 가질 수 있도록 푸드놀이 지도사의 눈높이를 낮추고 아동이 자신감을 가질 수 있도록 격려와 칭찬을 아끼지 말아야 한다. 요리는 아동 스스로 결정해서 주도적으로 행동할 기회를 많이 제공하기 때문에 자신감과 성취감을 경험할 수 있는 기회를 제공한다. 따라서 아동이 요리하는 동안 아동의 장점과 적성을 찾아 칭찬해주는 것이 좋다.

5) 한 번에 한 가지 활동만 하게 한다.

아동은 한꺼번에 여러 가지 활동을 한꺼번에 하는 것에 익숙하지 못하다. 집중력과 사고력을 담당하는 뇌의 전두엽은 서서히 발달하는 부위여서 아동이 여러 가지 정보를 동시에 처리하거나 고난도의 전략적 사고를 할 수 없기 때문이다. 아동이 푸드놀이 활동을 하는데 푸드놀이 활동과 전혀 관련이 없는 질문을 하거나 다른 것을 시키게 되면 아동의 집중력을 떨어뜨리는 것이다. 아동이 푸드놀이 활동에 몰두해 있는데 TV를 틀어 놓거나 심부름을 시키는 것은 집중력을 높이는 데 도움이 안 된다. 따라서 아동이 푸드놀이 활동을 할 때는 푸드놀이 활동에만 집중력을 가질 수 있도록 방해되는 요인이나 다른 활동을 시켜서는 안 된다.

5.

기초학습능력 향상을 위한 푸드놀이 지도 방법

기초학습능력은 말 그대로 학습을 위한 능력을 말하는데 그것은 바로 말하기, 읽기, 쓰기, 셈하기이다. 이 3가지 기능은 모든 학습을 하는 데 기본적인 도구가 된다. 취학 전 기초학습능력의 배양은 학습의 시발점이자 이후의 자기주도학습능력을 갖추기 위한 도구가 되기 때문에 매우 중요하다.

푸드놀이 활동을 통해서 다양한 재료와 조리도구, 조리방법은 아동들에게 말하기 능력을 길러주며, 동화의 대목을 선정해서 읽고 감상에 따라서 푸드놀이 활동을 하게 하면 읽기 능력을 배울 수 있으며, 수학의 기초학습능력인 숫자의 개념과 셈하기를 배울 수 있다. 또한 푸드놀이 활동에 대한 과정과 감상을 적을 수 있는 활동지를 만들어서 지도한다면 쓰기능력을 익힐 수 있다.

푸드놀이 활동을 통해 기초학습능력을 높이는 방법은 다음과 같다.

1) 현재 아동의 발달 수준을 수용하고 격려한다.

푸드놀이 지도사가 현재의 아동의 상태나 발달 수준을 있는 그대로 받아들이게 되면, 아동은 자신의 현재 상태에서 긍정적인 자아 수용감을 가진다. 푸드놀이 지도사가 아동의 상태나 발달 수준을 무시하고, 아이의 무능력을 꾸짖게 되거나, 학습을 강요하게 되면 아동은 반대로 공부를 부담스러워하게 되고 멀리하게 된다.

아동이 기초학습능력이 부족하다고 공부를 강요하기보다는, 지금도 좋지만 조금 더 나아지면 좋겠다는 격려를 하게 되면, 아동은 자신의 발전을 위해 현재 수준보다 더 높은 단계에 도전하려고 한다. 푸드놀이 활동에서도 새로운 도전을 하려고 하며, 이때 자신이 정한 목표에 도달하게 되면 아동은 성취감을 느끼게 된다. 이러한 아동 푸드놀이 활동에서의 성취감은 자신의 기술과 능력에 대하여 자신감을 가짐으로써 확신을 더욱 재정립하게 된다.

2) 발달 수준에 알맞는 편안한 환경을 제공해야 한다.

아동은 편안하게 느낄 수 있는 곳에서 작업해야 한다. 필요하다면 아동들이 흘리거나, 엎지를 때 두려움을 갖지 않도록 작업하는 장소에 비닐이나 종이를 씌워주고, 더러워졌을 때 아동이 씻을 수 있는 물그릇이나 수건을 준비해 주면 정서적 안정감을 주면서 즐겁게 하고 독립심과 자신감을 발달시킬 수 있다. 이는 자아 수용을 긍정적으로 하는 스스로 자긍심을 갖게 한다.

3) 아동의 연령에 적합한 재료를 제공한다.

아동의 수준에서 작업할 수 있는 재료와 목표를 주면 실패감을 최소화하고 아동이 성공적으로 푸드놀이 활동을 할 수 있다. 이때 아동이 좋아하는 재료를 제공하면 아동이 만든 작품을 더욱 좋아 보이게 한다.

4) 능력과 연령 수준에 따라 활동을 계획한다.

푸드놀이 활동은 아동의 연령이나 능력, 흥미 수준에서 재미있어야 한다. 즉 아동들이 작업할 수 있고 혼자서 완성할 수 있는 창의적 재료와 흥미 있는 활동으로 계획한다. 아동들이 끝마칠 수 있는 푸드놀이 활동은 자신감과 책임감을 느끼게 하기 때문이다.

6.

호기심 성장을 위한 푸드놀이 지도 방법

우리는 의도적으로 도전해야 기회를 만들어 낼 수 있다. 평범이란 이름으로 남이 간 길을 무작정 따라가는 곳에선 기회를 생겨나지 않는다. 따라서 도전하기 위해서는 호기심이 왕성해야 한다. 호기심은 새롭거나 신기한 것에 끌리는 마음을 말한다.

애가 어디에 있을까? 우리의 생활을 어떻게 하면 편하게 할 수 있을까? 새처럼 하늘을 날아볼 수는 없을까? 저걸 어떻게 하면 알 수 있을까? 이러한 호기심들을 모두가 한번은 가져보았을 것이다.

물론 이러한 호기심이 호기심으로만 끝나는 경우도 적지 않다. 그러나 어떤 사람들은 의문을 풀기 위해 혹은 문제를 해결하기 위해 돈키호테처럼 다른 사람들이 보기에는 터무니없는 열정을 갖고 달려들기도 한다. 또 그것이 생각지 않았던 의외의 결과를 가져오기도 한다. 성경에 나오는 아담과 이브는 호기심 때문에 따 먹지 말라는 금단의 열매를 따먹었다. 호기심에서 비롯된 열정이 신의 경고도 무서워하지 않을 정도로 강렬했기 때문이다. 덕분에 여자는 출산, 남자는 노동이라는 형벌을 받으면서 인류 최초의 역사가 열리게 되었다.

인류역 사의 모든 발전은 호기심에서 시작되었다고 해도 과언이 아니다. 발명왕 에디슨은 사물에 대한 호기심으로 출발하여 아주 기발한 아이디어로 인류의 역사를 발전시켰다. 만약 그가 없었다면 우리는 현재 음악을 들을 수도 없고, 밤에 공부를 할 수도 없고, 일을 할 수도 없었을 것이다. 에디슨은 어렸을 적에 공부도 못하는 말썽꾸러기였다. 그래서 학교에서 쫓겨나기도 하였다. 그는 호기심이 너무 많아서 공부는 뒷전으로 미루고 닭의 알을 품는 등의 괴기한 행동으로 정상적인 사회생활을 할 수가 없었다. 누가 봐도 에디슨은 문제아였다. 그러나 그 문제아가 지금의 인류 역사를 창조해 냈다.

사람은 누구나 호기심으로 인하여 지금의 내가 된 것이다. 우리는 어렸을 때부터 주변에 있는 모든 사람이나 사물에 대해 호기심을 가지고 있다. 갓 태어난 어린 아동은 사물에 대한 호기심으로 인해 손을 뻗쳐 물건을 잡아 보게 하는 도전을 부여한다.

6~7개월이 되면 오뚝이 같은 장난감을 손으로 치면서 팔을 움직이면 물체가 따라서 움직이는 것을 신기하게 여기고 같은 행동을 반복하면서 논다. 2세쯤 되면 또래들과 놀 기회가 많아져 남자나 여자의 외모나 목소리에도 흥미를 가지는 등 호기심의 범위도 넓어진다.

3세 무렵이 되면 사물에 대하여 궁금한 것을 자주 물어보게 된다. 그러다 어느 정도 성장하게 되면 호기심이 사라진다. 호기심의 충족이 많을수록 호기심은 더욱 커진다. 그러나 호기심을 해결하지 못하는 순간 호기심은 사라지기 쉽다. 호기심이 사라지는 순간 주변에 대한 모든 것에 대하여 큰 관심이 없어지게 된다.

일본의 소니(Sony)는 세계적인 게임기 회사로 회사에서 필요한 핵심 인재의 조건으로 호기심, 마무리에 대한 집착, 사고의 유연성, 낙관론을 가진 사람을 꼽았다. 호기심이 없는 사람은 죽은 사람과 마찬가지며, 사고의 유연성이 없는 사람은 혼자 사는 사람이며, 낙관이 없다면 그에게는 실패만이 기다리는 사람이기 때문이란다.

성공하는 삶을 위해서 우리는 항상 호기심의 안테나를 세워놓아야 한다. 호기심은 세상에 대한 관심, 내 일에 대한 적극성의 다른 표현이기도 하다. 어떤 일이든 소극적인 태도와 정반대되는 자세이다. 이런 호기심을 잃지 않는 사람에게는 아무리 어려운 상황 속에서도 성공이 열리기 마련이다.

7.

탐구력 향상을 위한 푸드놀이 지도 방법

탐구력은 진리, 학문 따위를 깊이 파고들어 연구하는 힘을 말한다. 탐구력은 아동이 주변 환경과 자연환경에 관심과 호기심을 가지고 탐구하게 하고, 사고능력과 창의적인 문제해결 능력의 기초가 된다. 탐구력은 교육부에서 제정한 유치원 교육과정 탐구생활의 목표이기도 하다.

푸드놀이 활동은 아동에게 다양한 탐구력을 기를 수 있는 실험의 장으로 아동은 푸드놀이 활동에서 나오는 요리 재료들의 모양이나 성장 상태, 가공 후의 모습, 색깔의 변화, 밀도, 질량, 열에너지에 의해 음식의 변화 상태 등을 자연스럽게 습득하면서 과학의 개념을 이해하게 된다. 이처럼 푸드놀이 활동은 자연스럽게 아동에게 탐구력을 길러 주는 역할을 한다.

푸드놀이 활동은 아동들 스스로 요리재료나 조리 과정 중에서 흥미를 가지고 깊이 있게 사고하고, 관찰함으로 인해서 탐구력이 생기게 해준다. 아동은 문제를 해결해 나가는 과정에서 사고하고 탐구하는 경험은 창의력을 발달시키는 데 매우 중요하다. 따라서 아동들의 탐구력을 배양하기 위하여 푸드놀이 활동은 과정 중심적이어야 하며, 다른 영역과 탐구력 발달을 위해 통합적으로 운영되어야 한다.

푸드놀이 활동을 통해 탐구력을 높이는 방법은 다음과 같다.

1) 원리를 쉽게 이해하고 기억에 오래 남게 한다.

과학의 개념은 눈으로 확인하기 어려운 것들이 많은 데 요리를 통해서 과학의 원리를 체험할 수가 있으므로 지식을 구체화함으로 학생들에게 원리를 쉽게 이해하는 데 도움이 되며 기억에 오래 남게 한다.

2) 자기주도적 습관을 갖게 한다.

　과학을 통한 표현 활동은 주어진 학습목표에 따라 재료를 준비하고 요리가 완성하기까지 자신이 전 과정을 주도하게 되며 완성된 요리로 인해 큰 성취감을 얻게 된다. 혼자서 만들어 가는 과정이기 때문에 모든 일을 스스로 해야 하며, 스스로가 더 멋있고 독특하게 표현하고 싶은 마음을 갖게 된다. 이러한 과정을 통해서 부모로부터 독립심을 기르고 목표를 달성하려는 동기유발을 일으키고 결국은 자기주도적 습관을 갖게 된다.

3) 과학에 친근한 의식을 고양시킨다.

　요리를 통한 과학 활동은 매일 먹고 쉽게 구할 수 있는 재료를 통해서 작품을 만드는 것이므로 아동에게는 매우 친근감을 준다. 요리 재료는 먹는 것으로만 알았던 아동은 먹는 재료를 통한 과학의 원리를 이해하는 데 사용할 수 있다는 다양한 변화를 체험하면서 요리재료를 통해서도 수학을 학습할 수 있다는 사고의 전환을 통해 수학에 대하여 친근한 의식을 갖게 된다.

8.

표현력 향상을 위한 푸드놀이 지도 방법

푸드놀이 활동에서는 아동의 정서나 꿈, 환상, 경험을 언어적으로 표현하기보다는 요리 작품으로 만들어진다. 요리 재료가 가지고 있는 화학적 물리적 성질을 이용하여 요리 재료로 활용할 수 있다. 요리 재료를 통해 그리기, 꾸미기, 붙이기, 오리기, 섞기, 만들기, 조각하기 등을 익힐 수 있다. 또한 푸드놀이 활동은 요리에서 표현할 수 있는 모든 표현 방법이 가능하다. 뿐만 아니라 오감을 자극하고, 작품을 먹을 수 있다는 데서는 요리를 능가한다.

푸드놀이 활동을 통해 표현력을 높이는 방법은 다음과 같다.

1) 창의적인 사고를 발달시킨다.

요리재료들을 직접 손질하고, 다듬고, 자르고, 만들면서 다양하게 경험하게 한다. 따라서 상상을 가능하게 하며, 이를 바탕으로 만들어 가는 과정에서 다양한 각도에서의 사고가 가능해 창의력이 높아진다.

2) 감정 상태를 파악하게 하는 데 도와준다.

요리는 아동이 자신을 가장 쉽게 표현할 수 있는 방법이며, 요리를 통한 요리는 요리재료가 주로 친근한 것으로 되어 가장 쉽게 구할 수 있는 직접적인 매체이며 자신의 감정을 그대로 표현하는 데 도움이 된다.

아동은 언어사용에 한계가 있으므로 요리 작품을 통해 아동의 감정이나 개념, 상상 세계, 정신 상태 등을 자연스럽게 인식할 수 있다.

3) 정서 순화에 도움을 준다.

　요리는 완성되기까지 일정한 과정을 거쳐야 한다. 일정한 과정을 거치려면 인내심을 가지고 정성을 들여야 한다. 재료를 썰고 음식이 익어가는 과정 동안 기다리는 훈련을 하게 되고 인내심이 길러진다. 따라서 아동은 이러한 요리 과정을 통해서 인내력과 교사에 대한 신뢰감을 얻게 되고, 자신의 창작품을 통해 자아 존중감과 같은 정서가 발달하게 된다.

4) 자기주도적 능력을 갖게 한다.

　요리를 통한 표현 활동은 주어진 학습목표에 따라 재료를 준비하고 요리가 완성하기까지 자신이 전 과정을 주도하게 되며 완성된 요리로 인해 큰 성취감을 얻게 된다. 혼자서 만들어 가는 과정이기 때문에 모든 일을 스스로 해야 하며, 스스로가 더 멋있고 독특하게 표현하고 싶은 마음을 갖게 된다. 이러한 과정을 통해서 부모로부터 독립심을 기르고 목표를 달성하려는 동기유발을 일으키고 결국은 자기주도적인 능력을 갖게 된다.

5) 친근한 미적 의식을 고양한다.

　요리를 통한 푸드놀이 활동은 매일 먹고 쉽게 구할 수 있는 재료를 가지고 하는 것이므로 아동에게는 매우 친근감을 준다. 요리 재료는 먹는 것으로만 알았던 아동은 요리의 재료로 사용함으로써 사고할 수 있는 지각능력과 창의성의 폭을 키워준다.

　먹는 재료를 통한 활용 방법의 다양한 변화를 체험하면서 요리재료를 통해서도 아름다운 작품을 만들 수 있다는 미적 의식을 높이게 된다.

6) 감상을 통해 타인을 존중하는 자세를 기르게 된다.

　작품을 다 만든 후 아동은 다른 아동의 작품 감상을 통해 다른 친구들이 표현해 놓은 작품에서 그 친구의 감정, 그 친구의 느낌, 그 친구의 의도를 들으므로 나와 다르다는 것을 인식하게 된다. 그 과정에서 자신과 다른 사람의 차이점을 알고 존중하는 자세를 기르게 된다.

8.

바른 식습관 형성을 위한 푸드놀이 지도 방법

식사 때마다 아동과 전쟁을 치르는 엄마들이 많다. 엄마는 밥을 먹이려고 하나 아동은 밥을 먹지 않으려 하기 때문이다. 밥투정은 아동들이 먹고 싶은 것이 다르거나 편식 때문에 이루어지는 경우가 많다. 예를 들어 밥보다는 과자나 치킨을 먹으려고 할 때, 아동이 먹고 싶은 반찬이 없으면 밥을 안 먹는 경우를 말한다. 밥투정은 병적이기보다는 아동 발달상 자연스러운 현상이지만 부모에게는 큰 스트레스가 된다. 부모는 아동들이 밥투정 때문에 밥을 먹지 않으려고 하면 아동의 건강이 문제가 되어 아동의 요구에 쉽게 따르게 된다.

아동은 이처럼 한두 번 부모를 이기게 되면 반찬이 틀리거나 맛있는 반찬이 온다는 사실을 알게 되면 앞으로도 투정을 계속 부리게 된다.

푸드놀이 활동을 통해서 아동이 가진 특정 음식 재료나 음식 종류에 대한 편견을 교정시킬 수 있다. 푸드놀이 활동을 통해 모든 요리재료가 우리의 건강에 필요하다는 생각을 갖게 하여 올바른 식습관 형성을 통해 편식 습관이 제거할 수 있다.

제5장
푸드놀이 지도 과정

FOOD PLAY

1.

푸드놀이 활동 계획

수업을 진행하기 전에는 푸드놀이 활동에 대한 체계적인 계획이 필요하다. 모든 활동이 그렇듯이 아무 계획 없이 하다 보면 교육적 효과가 떨어지지만 철저한 계획이 있을수록 푸드놀이 활동이 비례적으로 효과가 나타난다. 푸드놀이 활동을 체계적으로 계획하기 위해서는 5가지 기준에 따라 얼마나, 어디서, 누가, 누구에게, 어떻게를 결정해야 한다.

〈표 5-1〉 푸드놀이 활동 계획의 기준

구분	기준	선택
얼마나	걸리는 시간	• 30분 • 1시간 • 2시간
어디서	조리 방법의 복잡함	• 어린이집 • 유치원 • 방과후학교 • 문화센터 • 가정
누가	가르치는 사람의 전문성	• 부모 • 교사 • 푸드놀이 지도자
누구에게	가르치는 대상	• 자녀 • 방과후학생 • 어린이집·유치원 원생

어떻게	숙련도	• 푸드놀이 주제만 알려 주고 아동이 직접 만들도록 하는 방법 • 푸드놀이 주제를 알려주고, 푸드놀이 지도사가 만드는 것을 보여주고 따라 만들게 하는 방법 • 말로만 아동이 푸드놀이를 할 수 있도록 지도하는 방법 • 푸드놀이할 때 아동과 함께 만드는 방법

- 얼마나 : 푸드놀이를 하는 데 걸리는 시간 즉 소요 시간으로 30분, 1시간, 2시간으로 할지에 따라서 정해진 시간 안에 할 수 있는 푸드놀이를 결정해야 한다.
- 어디서 : 수업하는 장소의 시설에 따라서 조리 방법을 결정해야 한다. 예를 들어서 불이 없는 장소에서는 불 없는 푸드놀이로 정해야 한다.
- 누가 : 가르치는 사람의 전문성 정도에 따라 부모가 해도 될 것인지, 푸드놀이 지도사가 할 것인지 정도에 따라서 수업할 수 있는 푸드놀이 활동을 선정해야 한다.
- 누구에게 : 가르치는 대상에 따라 자녀를 대상으로 푸드놀이 활동을 할 것인지, 방과후학교에서 학생을 대상으로 푸드놀이 활동을 할 것인지, 문화센터에서 아동을 대상으로 푸드놀이 활동을 할 것인지에 따라 푸드놀이 활동의 수준의 결정하는 것이다.
- 어떻게 : 아동의 푸드놀이 활동에 대한 숙련도에 따라서 푸드놀이 활동 주제만 알려 주고 아동이 직접 만들도록 할 것인지, 푸드놀이 활동 주제를 알려주고, 푸드놀이 지도사가 만드는 것을 보여주고 따라 만들게 할 것인지, 말로만 아동이 푸드놀이 활동을 할 수 있도록 지도할 것인지, 푸드놀이 활동을 할 때 푸드놀이 지도사가 아동과 함께 만들면서 할 것인지를 결정하는 것이다.

2.

푸드놀이 재료와 만드는 방법 선택

주제가 결정되었으면, 주제를 충분히 뒷받침할 수 있는 푸드놀이 재료를 준비해야 하고, 만드는 방법을 선택해야 한다. 푸드놀이 재료와 만드는 방법은 주제의 정당성을 뒷받침하는 근거가 되므로 주제와 직접적인 관련이 있어야 함은 물론 쉽고 재미있어야 하며, 무엇보다 아동에게 흥미를 유지할 수 있어야 한다.

예를 들어 과자집을 만들기가 수업 내용이라면 푸드놀이 활동의 재료는 아동이 좋아하는 과자를 선택해야 하며, 과자집을 만드는 방법은 수강생이 푸드놀이 방법에 대해서 어느 정도의 숙련이 되어 있다면 복잡하게 만들도록 하며, 처음 푸드놀이교육을 하거나 푸드놀이의 숙련도가 낮은 경우에는 쉽게 형태만 만들도록 한다.

3.

안정된 분위기 조성

아동이 푸드놀이 활동을 하기 위해서는 안정적 분위기를 조성해주어야 한다. 아이는 어른과 달리 환경의 영향을 많이 받기 때문에 푸드놀이 활동에 전념할 수 있는 분위기가 아니면 아이는 다른 장난을 하거나 푸드놀이 활동에 몰두하지를 못한다. 안정된 분위기를 제공해 줄수록 아이는 푸드놀이 활동에 집중할 수 있기 때문에 흥미 유지나 동기유발에 도움이 된다.

안정적 분위기는 두 가지 부분에서 말할 수 있는데 하나가 환경적 분위기이며 또 하나가 정서적 분위기이다.

환경적 분위기는 아이가 푸드놀이 활동을 전개하는 장소 즉 작업대 주변 분위기가 아이들이 좋아하는 분위기로 만들어 주어야 정서적으로 안정을 찾는다.

정서적 분위기는 푸드놀이 지도사가 푸드놀이 활동 중에 일관되게 긍정적인 반응과 아이가 쉽게 배울 수 있도록 가르쳐 주어야 하며, 어떤 결과든 수용하겠다는 태도를 계속 보여줌으로써 유아가 안정된 감성을 유지할 수 있도록 노력한다. 또한 푸드놀이 지도사는 아이와 수직적인 관계보다는 서로 도와주고, 나누어주고, 협력하고, 위로해 주는 수평적 관계라는 신뢰가 형성되도록 한다. 따라서 푸드놀이 활동 도중에 아이에게 시종일관 미소를 지으며, 아동의 질문에 대해서 친절하게 안내하며, 감성적 어휘 사용 등이 수반된 의사소통을 하는 것이 좋다.

4.

학습목표 제시

아이가 푸드놀이 활동에 대해서 흥미를 갖기 위해서는 무작정 푸드놀이 활동을 시키는 것이 아니라, 아동과 자연스러운 대화 속에서 푸드놀이 활동의 학습목표나 원리를 알려주는 것을 통해 아동은 푸드놀이 활동에 대하여 흥미를 가지게 되고 적극적으로 참여하겠다는 동기를 유발하게 된다.

예를 들면 밀가루 반죽을 이용해서 아라비아 숫자놀이 활동을 한다면 다음과 같이 학습목표를 알려주어야 한다.

예 학습목표
- 수의 명칭을 바르게 말할 수 있다.
- 수의 순서대로 헤아릴 수 있다.
- 상징적인 숫자를 실생활과 연결시킬 수 있다.
- 숫자의 모양을 만들 수 있다.
- 짝수와 홀수가 무엇인지 설명할 수 있다.
- 숫자를 조합하고 읽을 수 있다.
- 밀가루의 성질을 설명할 수 있다.
- 밀가루의 부피가 달라짐을 설명할 수 있다.
- 밀가루를 반죽할 수 있다.
- 튀김푸드놀이를 할 수 있다.
- 기름의 온도에 따라 튀겨지는 것이 달라진다는 것을 설명할 수 있다.

5.

재료 준비

    푸드놀이 활동에 들어가는 재료를 준비해 준다. 푸드놀이 재료는 일반적으로 푸드놀이 지도사가 수업 전에 구매해서 수강생의 수대로 분량을 나누어서 개인별로 나누어 주어야 한다. 그러나 고학년일수록 작품을 지정해주고 직접 구매하게 하면 수학능력 및 돈을 사용하는 방법 등을 구체적으로 깨닫게 되어 교육적 효과가 높다.

    준비된 재료를 가지고 푸드놀이 활동에 사용할 수 있도록 계량하는 방법은 아동 스스로 할 수 있도록 기회를 주는 것이 좋다. 예를 들면 무게를 재던지, 수량을 맞춘다든지, 크기를 맞춘다든지, 잘라 놓는 활동을 시키면 이를 통해 다양한 효과를 얻을 수 있다.

6.

만드는 방법 시연

    만드는 방법을 알려주는 단계에서는 푸드놀이재료를 가지고 어떤 공정을 거쳐야 하며, 어떤 조리도구를 어떻게 사용하는가를 알려주는 것이다. 가장 좋은 방법은 푸드놀이 지도사가 먼저 아동 앞에서 시연해주고 그에 따라 아동이 따라 하게 하는 것이 좋다.

    만드는 방법은 모든 과정을 다 알려주기보다는 원리를 알려주고, 아동이 하기 어려운 조리 방법이나 조리 도구의 사용 방법을 알려주어 창의적인 활동이 많이 가미되도록 하면 좋다. 그러나 아무리 창의적 활동이 중요하다고 해서 위험한 공정을 아동에게 맡기기보다는 푸드놀이 지도사가 위험한 공정은 직접 해주는 것이 좋다.

7.

푸드놀이 활동 중 질문

아동이 주어진 재료를 가지고 푸드놀이 활동을 시작하면 푸드놀이 지도사는 옆에서 아이에게 창의력, 탐구력, 사고력, 발표력을 길러주는 질문을 하면서 아이에게서 얻고 싶은 효과를 얻어내도록 해야 한다. 아이가 푸드놀이 활동을 하는 데 아무 질문이 없으면 말 그대로 푸드놀이를 배우게 되는 것이고, 푸드놀이를 시작하기 전과 푸드놀이를 하고 있는 중간에, 푸드놀이를 끝내고 나서의 질문을 적절히 사용하면 푸드놀이를 통한 과학, 수학, 미술과 같은 학습능력을 높일 수 있다.

다음은 밀가루로 아라비아 숫자 만들기 활동을 하면서 물어보는 질문의 형태이다. 이를 활용해서 푸드놀이 활동에 적용하면 좋은 결과가 나온다.

예 준비하면서 물어볼 사항

- 밀가루가 왜 중요한지 아니?
- 밀가루로 만들 수 있는 것들이 뭐가 있을까?
- 숫자가 무엇일까?
- 왜 숫자가 필요한지 아니?
- 네가 먹는 것 중에 밀가루로 만든 것은 무엇일까?

예 푸드놀이하면서 물어볼 사항

- 밀가루의 촉감은 어떠니?
- 반죽을 질게 하려면 어떻게 해야 하니?
- 숫자를 어떻게 하면 잘 만들 수 있을까?
- 밀가루에 색을 내려면 어떤 것을 넣으면 좋을까?
- 밀가루를 튀기는 것 말고는 어떻게 하면 먹을 수 있을까?

• 어떻게 하면 달게 만들 수 있을까?

예 푸드놀이를 만들고 나서 물어볼 사항
  • 어떤 푸드놀이가 제일 재미있었니?
  • 숫자를 순서대로 놓아 볼래?
  • 가장 높은(낮은) 수가 뭘까?
  • 어떤 숫자가 가장 보기 좋지?
  • 홀수(짝수)끼리 모아 볼래?
  • 모두 몇 개지?
  • 밀가루 말고 무엇으로 만들면 좋을까?
  • (숫자를 지적하고) 이것의 이름이 무엇이지?

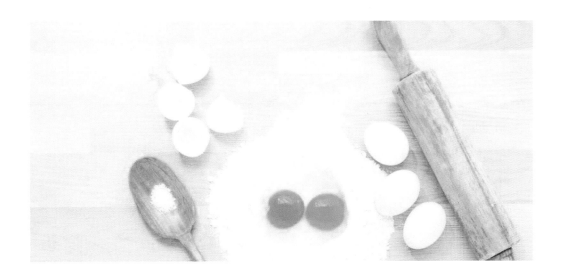

8.

작품 발표

    아동이 푸드놀이 활동을 끝내고 나서 작품을 설명할 때 아동의 표현에 대해 그대로 받아들이며 감정 표현을 격려해 주어야 한다. 이때 아동의 독특한 생각과 느낌을 수용해 주고, 아동 간에도 서로의 표현을 존중하고 격려하도록 지도 한다. 아동의 작품과 발표에 대해서 존중하는 방법은 다음과 같다.

- 아동이 가지고 있는 감정을 표현할 수 있는 기회를 많이 준다.
- 모든 아동이 감성 표현에 참여할 수 있도록 적극적으로 유도한다.
- 소극적인 아동은 감정 표현 자체에 박수나 칭찬해주어 자신감을 갖게 한다.
- 자신과 타인과의 감정은 다를 수 있으므로, 아동 간에 서로 비교하지 않는다.
- 긍정적 감성뿐만 아니라 부정적 감성이라도 아동 자신의 표현을 존중해 준다.
- 작품에 대하여 발표할 때는 아동 스스로 서로의 생각과 느낌이 다르다는 것을 인정하고 격려하도록 지도한다.
- 푸드놀이 활동을 하면서 아동의 의지나 느낌을 표현할 수 있도록 한다.

제6장
푸드놀이의 실제

FOOD PLAY

1.

새콤촉촉 꽃무늬 색초밥

생활 주제	봄	
인성 덕목	관계 인성 - 정서 공감력	
학습 유형	다양한 예술/감정 표현	
활동 목표	1. 경험에 대한 긍정, 부정 감정을 균등하게 표현하는 활동을 통해 나와 타인의 이해를 통해 성장의 기회를 가진다. 2. 초밥 재료를 사용하여 봄을 자유롭게 표현하는 구성 활동을 통해 또래와 긍정적인 관계 형성과 사회성을 향상시킨다.	
준비물	**재료** 밥, 배합초, 삶은 계란, 오이, 당근	**도구** 볼, 접시, 숟가락, 다양한 모양 틀, 칼, 도마
사전 준비	* 밥을 준비한다. * 초밥용 배합초를 만들어 둔다.	

\<도입\>

■ 마음열기

⇒ 나의 감정을 알아차리는 방법에는 무엇이 있을까요?

⇒ 나의 감정을 표현하는 방법에는 무엇이 있을까요?

■ 감정

어떤 사건이나 현상을 만났을 때 내 마음에서 일어나는 기분이나 느낌

(감정 단어를 6가지로 크게 나누면 기쁨, 슬픔, 분노, 고통, 공포, 부끄러움)

■ 긍정적 감정이란?

⇒ 긍정적 감정을 표현하는 단어를 생각해 보세요.

– 기쁨(신난다, 설레다, 행복하다, 흐뭇하다. 멋지다, 감사하다. 여유롭다.)

⇒ 부정적 감정을 표현하는 단어를 생각해 보세요.

– 슬픔, 고통, 공포, 분노에 해당(슬프다, 화가 난다, 속상하다, 마음이 아프다, 무섭다, 불

안하다)

■ 정서/감정 UP인사법

⇒ 상대방이 이름을 부를 때 현재의 기분으로 대답하는 인사법을 " 정서/감정 UP 인사법"

이라고 합니다.

⇒ 감정 표현도 습관입니다. 일상생활에서 놀이를 통해 영유아들이 긍정적인 감정 표현을

많이 할 수 있게 해주세요. 감정 표현의 과정을 통해 정서 공감력을 키울 수 있습니다.

⇒ 자신이 느끼는 감정을 다양한 단어로 표현해 봄으로써, 나와 타인의 이해를 기본으로

성장할 수 있는 기회를 가진다.

■ 푸드를 활용한 감정 표현 놀이 "먹으면 행복해지는 간식" 만들기

– 준비물 : 비닐장갑, 네임펜, 다양한 스티커, 모루, 빵 끈, 쌀 튀밥, 시리얼, 견과류

– 1개의 비닐장갑에 긍정의 감정 단어를 적어본다.

– 또 다른 비닐장갑에 부정의 감정 단어를 적어본다.

– 각각의 비닐장갑에 다양한 스티커를 붙여서 꾸며준다.

- 비닐장갑에 견과류, 시리얼을 넣어 채우고, 모루나 빵 끈으로 마무리한다.

감정을 잘 다루어야 하는 중요한 시기에 영유아 마음도 챙기고 스스로 나 자신의 감정의 주인이 될 수 있도록 선생님, 부모님께서 도와주세요.

<전개>

■ 초밥의 유래

⇒ 초밥이란? 밥에 식초를 넣어 새콤달콤한 맛이 나기 때문에 초밥이라고 한다.

⇒ 초밥은 일본에서 생선을 저장, 보관하는 방법에서 시작된다.

⇒ 초밥은 '맛이 시다'라는 뜻으로 일본어 명칭으로는 "스시"라고 한다.

⇒ 초밥은 달걀, 해산물, 생선, 고기, 과일 등을 밥에 얹어 먹는 음식이다.

⇒ 초밥은 밥과 날 생선, 해산물을 함께 소금이 깔린 판위에 무거운 돌을 얹어 발효시켜 먹는 일본 요리이다.

⇒ 18세기 이후 일본의 유명한 요리사 요헤이가 개발한 초밥이 전래되어 오늘날 초밥이다.

■ 사전 준비가 필요한 자료

⇒ 배합초 만들기(설탕 : 소금 : 식초 = 2 : 4 : ½)

⇒ 고슬고슬하게 지은 밥

■ 초밥 재료 살펴보기

- 재료 : 밥, 오이, 당근, 삶은 계란, 채소

- 도구 : 볼, 접시, 숟가락, 다양한 모양의 쿠키

틀, 칼, 도마

■ 푸드 매체 탐색

⇒ 푸드 재료를 직접 먹어보며 맛을 느껴본다.

⇒ 초밥을 만든다.

⇒ 생선, 해산물 대신 요리 놀이 시 유부, 달걀, 채소로 사용 가능한다.

⇒ 요리 놀이 시에 영유아들이 쉽게 할 수 있는 재료를 직접 선택할 수 있다.

■ 초밥을 요리 놀이로 선택한 이유

⇒ 밥을 잘 안 먹는 아이들도, 입맛이 없는 어르신도, 무언가 건강하고 색다른 음식을 먹고 싶을 때 초밥 만들기를 함께 해보세요.

⇒ 모양과 색도 이쁘고 맛도 좋고, 건강에도 좋은 초밥 만들기 함께 해보세요.

⇒ 주변에서 재료를 쉽게 구할 수 있고, 취향에 따라 다양한 재료로 입맛에 맞게 할 수 다양한 요리가 될 수 있다.

⇒ 초밥을 만들 때 손을 통해 느껴지는 감촉으로 스트레스 해소가 된다.

⇒ 음식은 눈과 코와 귀와 입과 손의 감촉으로 먹는다.

⇒ 오감을 살려 할 수 요리 놀이이다.

⇒ 오감을 사용하는 놀이 중 푸드 매체는 자연의 산물이다.

■ 새콤 촉촉 초밥으로 봄의 컬러 표현하기

⇒ 밥에 배합초를 넣어 골고루 섞는다.

⇒ 초록(오이), 노랑(삶은 계란 노른자), 주황(당근) 등으로 봄의 컬러 표현하기

⇒ 색깔 밥 활동을 통해 즐거움과 흥미를 가진다.

■ 봄의 의미

⇒ 봄은 겨울과 여름 사이의 계절로, 따뜻해지면서 좋은 기운과 에너지를 얻어 사물들이 뛰고, 움직이기 시작한다.

⇒ 양력으로는 3월, 음력으로는 2월을 봄의 시작으로 본다.

⇒ 봄이라는 말은 눈을 사물을 보다(본다)라는 말의 동명사이다.

⇒ 또한, 코로 냄새를 맡다, 귀로 소리를 듣다, 혀로 음식을 맛보다의 의미도 담겨 있다,

⇒ 마음으로 봄을 느껴보고, 몸으로 표현해 본다

⇒ 심신 양면에 걸쳐 광범위하게 쓰이는 말이다.

■ 자연을 보고 느낀 감정

⇒ 제4차 표준보육과정 '자연 탐구' 영역에 속한다.

⇒ 인성 덕목 중 관계 인성으로 '공감'에 해당한다.

⇒ 우리나라는 봄, 여름, 가을, 겨울 4계절이 뚜렷하고, 계절에 따른 기후변화가 심하다.

⇒ 자연의 순리를 따라 꽃이 아름답고, 진달래, 살구꽃 등 차례차례 꽃을 피운다.

⇒ 봄에 뿌린 씨앗이 뜨거운 태양과 단비를 맞아 가을에는 곡식을 수확을 한다. 추운 겨울에 휴식을 통해 에너지를 축적시켜 따뜻한 봄을 준비한다. 이와 같이 자연은 역행하지 않고, 자연의 순리를 따른다.

〈종결〉

■ 작품 감상하기

⇒ 내가 만든 초밥과 친구의 초밥을 감상한다.

⇒ 인성의 덕목 중 '공감'의 의미를 이야기 나누어보며 소통한다.

⇒ 초밥을 선물하고 싶은 사람, 함께 먹고 싶은 사람을 이야기한다.

⇒ 초밥으로 할 수 있는 미술 확장 놀이가 가능하다.

■ 표준보육과정이 추구하는 인간상

⇒ 4차 산업혁명 시대에 필요한 인재 양성(창의적인 사람)

⇒ 동물이 따라 할 수 없는 인간만이 가지고 있는 최고의 강점으로 "감성'이 있다.

⇒ 감성이 풍부하고 창의적이며 인성교육도 함께 할 수 있는 프로그램에는 요리 놀이가 답이다.

⇒ 영유아에게 미래 사회에 맞추어 필요한 능력을 키워주어야 한다.

■ 개정 누리과정(예술 경험)

⇒ 새콤 촉촉 꽃무늬 색 초밥으로 창의적으로 봄을 표현하는 과정 속에서 예술 경험을 할 수 있다.

⇒ 평소에 자연과 생활에서 아름다움을 느끼고 즐긴다.

⇒ 다양한 작품을 감상하며 서로 다른 예술 표현을 존중한다.

우정 사랑 행복

2.

따뜻한 마음 행복한 나눔
우산 샌드위치 만들기

생활 주제	봄	
인성 덕목	사회 인성 – 배려	
학습 유형	다양한 독서 활동 연계 학습, 예술 표현	
활동 목표	1. 식빵으로 샌드위치를 만들 수 있다. 2. 배려의 의미를 알고 일상생활에서 실천할 수 있는 배려하는 마음을 갖는다. 3. 우산으로 할 수 있는 다양한 놀이를 알 수 있다.	
준비물	재료	도구
	식빵, 삶은 계란, 오이, 당근, 슬라이스 햄, 슬라이스 치즈, 마요네즈, 과자류, 국수, 솜사탕	도마, 칼, 접시, 숟가락, 볼, 모양틀, 꼬지
사전 준비	* 계란은 삶아서 껍질을 까서 뜨거울 때 으깬 뒤 마요네즈와 버무려 둔다.	

\<도입\>

■ 배려 : 8대 인성 독목 중 사회인성

⇒ 배려 : 한자로 配(짝 배), 慮(생각할 려)로 도와주거나 보살펴주려고 상대방에게 마음을 쓰는 것을 말한다.

⇒ 평소에 배려를 많이 하면 많이 할수록 항상 좋을까요?

⇒ 상대방을 위해 나는 배려를 했을 때 상대방이 불편해하거나 화를 낸 경험이 있을까요?

⇒ 지나친 배려는 상대방에게 오히려 불편감과 거부감을 줄 수도 있다.

⇒ 어른들도 아이들도 나의 입장이 아닌 상대방의 입장에서 배려를 하는 연습을 일상생활에서 할 수 있다.

■ 일상생활 속에서 하는 배려를 하는 연습(하나, 배려 게임)

⇒ 배려 게임은 성인, 아동, 친구 간, 형제간에 가능하다.

⇒ 배려 게임을 하기 전 규칙을 정해주세요.

– 어떤 말과 행동을 하면 플러스가 되고, 어떤 말과 행동을 하면 마이너스가 되는지 규칙을 정해주세요.

– 어떤 말과 행동을 했을 때 기분이 좋은지, 또는 기분이 나쁜지 서로에게 물어봐 주세요.

– 배려 게임시 말과 행동으로 표현하는 것을 선생님이나 부모님께서 정리해서 다시 언어로 표핸해 주세요.

■ 일상생활 속에서 하는 배려를 하는 연습(둘 : 마니토 게임)

⇒ 마니토 : 도와주거나 보살펴 주려고 마음을 쓰는 것으로 이태리어로 마니토라 하고, 비밀 친구란 뜻을 지니고 있다.

⇒ 예를 들어 제비뽑기 등의 어떤 규칙에 의해 선정된 친구의 수호천사가 일정 기간 동안 되는 것

⇒ 준비물 : 종이, 필기도구, 제비뽑기용 종이상자

⇒ 종이에 자신의 이름을 써서 이름이 안쪽으로 들어가도록 접어서 상자에 넣는다.

⇒ 상자 안의 종이를 잘 섞어 한 장씩 뽑는다.

⇒ 종이에 적힌 이름을 확인하고 일정 기간(예:일주일, 한 달)동안 마니토가 되어 본다.

⇒ 일정한 마니토 기간이 지난 후 공개적으로 서로의 마니토를 발표하고 서로 간의 소감을 들어본다.

■ 인성 동화책 소개 (사회 인성 중 배려)

　⇒ 제목 : 영이의 비닐우산
- 따뜻한 마음의 감동이 있으며, 배려의 의미를 생각하게 하여 어른에게도 권하고 싶은 동화책이다.
- 타인을 배려하는 소중한 마음을 보여주는 동화책이다.
- 아이들도 어른들도 동화책을 읽으며 이야기에 집중하고 생각하며 마음이 따뜻해지는 것을 느낄 수 있다.
- 동화책을 읽으며 생각과 느낌을 공유하고 상상력을 마음껏 키워본다.
- 동화책을 통해 배려하는 마음을 갖고 푸드 놀이를 통해 자연스럽게 배려를 한 번 더 생각하는 시간을 갖는다.

　⇒ 제목 : 아빠와 피자 놀이
- 친구들과 밖에서 놀기로 했는데, 비가 와서 나가지 못해 속상한 주인공
- 풀 죽은 아들의 기분을 달래 주려 아빠가 준비한 피자 놀이
- 아빠는 아들이 직접 피자 도우가 되어보는 경험을 만든다.
- 아들 몸에 토마토도 올리고, 치즈와 페퍼로니까지 듬뿍 뿌리고 아들을 두 팔로 안아 소파(소파 = 피자 굽는 오븐) 위에 놓는다.
- 아빠와 피자 놀이를 하는 사이 비가 그치고 맑게 개어 아들은 기분 좋게 친구들을 만나러 간다.
- 아빠와 피자 놀이를 하면서 아들은 무엇을 느꼈을까요.?
- 아들은 즐겁기도 하고 아빠의 사랑, 배려를 느낄 수 있다.

■ 인성 동화책 소개 (사회 인성 중 배려)

　⇒ 동화책에서 느낀 점
- 모두 비와 관련된 인성 동화책

- 사회 인성 중 배려의 의미가 담긴 동화책으로 나의 입장이 아닌 상대방의 입장에서의 배려심이 느껴진다.
- 영이의 비닐우산 : 할아버지가 비를 맞지 않기를 바라는 영이의 따뜻한 마음
- 아빠와 피자 놀이 : 날씨가 흐른 날 아들은 짜증을 내고 심술을 뿌려 화가 날 텐데, 마음 속상한 아들의 위해 아이의 눈높이에서 재미있는 놀이를 제공해 준 부모의 마음, 여기서 상대방을 먼저 생각하는 마음, 배려를 느낄 수 있다.

■ 동화책을 읽은 후 푸드 매체를 활용한 푸드 놀이 확장 활동
  ⇒ 배려를 주제로 하는 〈영이의 비닐우산〉, 〈아빠와 피자 놀이〉 동화책을 일고, 푸드놀이 활동으로 "우산 샌드위치를 만들어 보세요.
  ⇒ 우산 샌드위치를 마니토에게 선물해 보세요.

〈전개〉 학습하기

■ 샌드위치의 유래
  ⇒ 샌드위치란, 얇게 썬 두 조각의 빵 사이에 고기나 달걀, 채소, 치즈 등을 넣어 만든 간편하게 식사 대용으로 먹는 음식이다.
  ⇒ 18세기 후반 영국의 샌드위치 백작에 의해 시작.
  ⇒ 매일 트럼프 놀이를 하느라 식사할 시간이 아까운 샌드위치 백작은 빵 사이에 고기와 채소를 넣어 먹으면서 트럼프 놀이를 했다.
  ⇒ 오늘날 식사 대용으로 간식으로 바쁜 시간에 간편하게 먹을 수 있는 샌드위치가 많이 사용되고 있다.

■ 샌드위치의 종류
  ⇒ 오픈 샌드위치 : 빵 한 쪽에 고기, 채소를 모두 올려 먹는 것,
  - 전체 요리의 한 종류
    예) 러시아의 오픈 샌드위치
  ⇒ 클로즈드 샌드위치 : 두 쪽의 빵 사이에 속을 넣는 것
    예) 로마 시대에는 검은 빵에 고기를 끼운 음식, 가벼운 식사 대용

■ 샌드위치를 푸드 놀이로 선택한 이유
  - 영유아도 성인들도 만드는 방법이 간단하다.
  - 재료 구입이 쉽고, 기호에 따라 재료 선택이 자유롭다.
  - 남녀노소 대중적인 음식이다.

\<전개\> 실습하기

■ 활동명 : 우산 샌드위치

■ 학습목표
  ⇒ 식빵으로 샌드위치를 만들 수 있다.
  ⇒ 일상생활 속에서 경험을 통해 사회인성 덕목 중 배려하는 마음을 키운다.
  ⇒ 도형에 관심을 가지고 도구를 이용하여 샌드위치를 우산 모양으로 만들 수 있다.

■ 샌드위치 재료
  - 재료 : 식빵, 삶은 계란, 오이, 당근, 슬라이스 햄, 슬라이스 치즈, 마요네즈, 과자류, 국
    수, 솜사탕, 초코펜
  - 도구 : 도마, 칼, 접시, 숟가락, 볼, 모양틀, 꼬지
  계란은 삶아서 껍질을 까서 뜨거울 때 으깬 뒤 마요네즈와 버무려 둔다.

■ 사전 준비가 필요한 자료
  ⇒ 계란은 삶아서 껍질을 까서 뜨거울 때 으깬 뒤 마요네즈와 버무려 둔다.

\<확장 활동\>

■ 우산과 관련된 놀이 소개
  ⇒ 비오는 날 장화 신고 우비 입고 또는 장화 신고 우산을 쓰고 느꼈던 경험을 이야기 나
    눈 후 요리놀이 활동으로 우산 샌드위치를 만들 수 있다.
  ⇒ 미술 재료로 투명 우산을 사용하여 나만의 우산 꾸미기 활동을 할 수 있다.

⇒ 우산을 쓰고 국수, 스파게티 면 등 푸드 재료로 빗소리를 체험할 수 있다.

■ 작품 감상하기

⇒ 내가 만든 샌드위치와 친구의 샌드위치를 감상한다.

⇒ 사회 인성 덕목 중 '배려'의 의미를 이야기 나누고 소통한다.

⇒ 샌드위치를 선물하고 싶은 사람, 함께 먹고 싶은 사람을 이야기 한다.

⇒ 식빵으로 할 수 있는 미술 확장 놀이가 가능하다.

■ 마무리

⇒ 오늘 만든 따뜻한 우산 샌드위치를 누구와 함께 먹고 싶은 가요?

⇒ 오늘 만든 따뜻한 우산 샌드위치를 누구에게 선물하고 싶은 가요?

⇒ 내가 만든 샌드위치를 맛있게 먹는 친구의 모습을 상상해 보세요.

⇒ 맛있는 음식이란 따뜻한 마음과 정성을 가득 담아 만든 음식이에요.

3.

연못 속 개구리 가족 버거

생활 주제	연못	
인성 덕목	소통	
학습 유형	신체운동, 의사소통	
활동 목표	1. 겨울잠을 자고 일어난 봄 동물(양서류 개구리)에 관해 설명할 수 있다. 2. 상상력과 호기심을 가지고 자기 생각과 느낌을 표현해 볼 수 있다. 3. 완성된 작품을 감상하며, 나와 다른 사람의 예술 표현도 소중함을 알 수 있다.	
준비물	재료	도구
	모닝 빵, 양상추, 슬라이스 햄, 치즈, 게맛살, 오이피클, 소스, 방울 빵, 이쑤시개, 접시, 새싹 채소, 식용꽃, 마요네즈, 케찹, 설탕	접시, 도마, 빵칼
사전 준비	★ 채소는 흐르는 물에 씻어 놓는다. ★ 게맛살은 소스에 섞어 준비해 놓는다.	

<도입>

■ 연못 속 개구리 가족 버거 만들기

⇒ 봄 동물(양서류)에 대하여 이야기 나누기

⇒ 우수 경칩 이후 다음 절기 -> 낮과 밤의 길이가 같다는 춘분

⇒ 해동된 땅에서 봄꽃 소식이 들려온다.

⇒ 봄바람 타고 개울가에서 들려오는 개구리 소리

⇒ 개구리는 왜 우는 걸까요?

• 개구리는 몸길이가 2.5~4cm 정도로 작으며, 발가락 끝에 빨판이 있다. 특히 수컷은 턱 밑에 울음주머니가 있다.

• 5~7월 짝짓기 철이 되면, 크고 요란한 울음소리로 암컷을 유혹한다. 개구리는 기분이 좋을 때도 운다.

• 비가 오기 전 습도가 올라가면, 피부가 촉촉해져서 신나게 울어댄다.

⇒ 우는 소리가 어떻게 들릴까요?

⇒ 같은 개구리 울음소리라도 듣는 사람의 마음에 따라 다르게 들릴 수 있다.

⇒ 나의 마음 말로 표현하기-> 마음을 전하는 말은 그 어떤 소리보다 아름다울 수 있다.

■ 개구리의 성장 과정

⇒ 알에서 깨어나면 올챙이가 된다. 올챙이는 물속에서 꼬리로 헤엄을 치며, 아가미로 숨을 쉰다. 올챙이는 14일이 지나면 뒷다리가 나온다. 그 후, 앞다리가 나온다. 네 다리가 생기고 꼬리가 다 없어진 후, 다 자라서 개구리는 폐와 피부로 숨을 쉰다.

■ 영유아와 재미있는 노래와 신체 표현 놀이

⇒ 올챙이와 개구리 관련 그림책 준비하기

⇒ 올챙이와 개구리 악보 준비하기

⇒ 올챙이와 개구리 악보를 보며, 노래와 신체 표현해 본다.

⇒ 개구리의 성장 과정을 생각해 보며, 신체를 통해 움직이고 즐기며, 자발적으로 참여한다.

■ 신체운동의 중요성

⇒ 신체 움직임을 조절하며, 신체활동에 즐겁게 참여한다.

⇒ 신체를 인식하고 움직이며, 건강한 생활 습관을 기른다.

<전개>

■ 올챙이에서 개구리가 된 모습을 상상해 본다.

■ 푸드 매체 탐색

⇒ 다양한 푸드 재료를 먹어보고 맛을 표현해 본다.

⇒ 개구리 캐릭터를 생각해 보며, 나만의 개구리 버거를 다양하고 친숙한 재료로 상상하며 왕눈이 개구리 버거, 입이 큰 개구리 버거 등 창의적으로 표현해 보며 호기심을 가지고 다양하게 예술 표현을 한다.

⇒ 우리 가족을 생각하며 만들어 본다.

■ 활동하기

⇒ 모닝빵을 반으로 잘라 놓는다.

⇒ 반으로 자른 빵에 양상추를 올려놓는다.

⇒ 양상추 위에 오이피클을 올려놓는다.

⇒ 슬라이스 햄을 올려놓는다.

⇒ 치즈 위에 모닝빵 반쪽을 올려놓는다.

⇒ 모닝빵 위에 이쑤시개를 꽂아서 개구리의 눈을 표현해 본다.

⇒ 이쑤시개에 방울 빵을 꽂는다.

⇒ 접시에 연못 속 개구리 가족 버거를 완성해서 담아놓는다.

〈종결〉

■ 개정 누리과정에서 추구하는 목적

⇒ 일상생활에 필요한 의사소통 능력과 상상력을 기를 수 있다.

⇒ 소통이란? 서로가 막히지 않고 잘 통하는 것을 말한다.

⇒ 우리는 말은 많이 하는데 소통하지 못할 때도 많다.

⇒ 나의 마음과 생각을 다른 사람에게 잘 전달하는 방법을 푸드놀이 활동을 통해 자연스럽게 익힌다.

⇒ 친구, 동료들의 마음을 동작으로 표현해 보고 그것에 대한 공감 반응을 보면서 서로의 마음을 느끼고 함께 만든 음식을 서로 나누어 먹으면서 소통해 보면 좋을 것이다.

⇒ 푸드 매체를 통해 자신을 표현하고 소통하는 힘을 키워볼 수 있다.

⇒ 영유아들의 요리 실력과 상관없이 마음을 소통하고 자신을 표현하는 방법을 익힐 수 있다.

■ 표준보육과정(예술 경험)

⇒ 내가 만든 개구리 가족 버거를 짝꿍과 함께 연못 꾸미기를 통해 서로의 마음을 만나고 소통하며 함께 작품을 감상한다.

⇒ 나와 다른 친구들의 예술 표현도 소중히 여긴다.

⇒ 확장 놀이 : 개정 누리과정 '의사소통'과 연계 가능

⇒ 우리 가족을 표현해 보고, 가정에서 가족과 함께 이야기를 나누어 본다.

■ 활동시 주의 사항

⇒ 개구리 눈을 표현할 때 연결 도구로 이쑤시개를 사용하기 때문에 옆 친구들과 장난치지 않도록 하며, 도구를 안전하게 사용할 수 있도록 먼저 이야기 나눈다.

4.

뺑튀기의 다양한 변신

생활 주제	얼굴	
인성 덕목	배려	
학습 유형	사회관계, 예술경험	
활동 목표	1. 나의 감정에 대해 표현하고 설명할 수 있다. 2. 나의 가족과 친구들의 생각과 느낌을 표현해 볼 수 있다. 3. 다양한 마음을 표현해 보고 행복과 즐거움을 알 수 있다.	
준비물	재료	도구
	뺑튀기, 김, 다양한 과자, 초코펜, 물엿, 새알 초콜릿	개인 접시
사전 준비	* 다양한 재료들이 섞이지 않도록 준비하기	

\<도입\>

■ 다양한 표정들

⇒ 뻥튀기의 다양한 변신은 주변에서 쉽게 구할 수 있고 누구나 좋아하는 뻥튀기라는 친근한 재료를 이용하여 놀이처럼 자유롭게 나와 친구들과 가족의 다양한 얼굴 표정을 표현하도록 하는 과정이다.

⇒ 하루에 몇 번 거울을 볼까요?

⇒ 기쁠 때, 화났을 때, 슬펐을 때, 즐거울 때 어떤 표정을 하는지 알아본다.

⇒ 먼저 나의 감정을 알고 상황에 맞게 감정을 표현하는 법도 연습이 필요하다. 나의 감정을 제대로 알아야 상대방의 감정도 알 수 있다.

■ 사회관계에서 일상생활 배려할 수 있는 것 찾아보기

⇒ 나의 친구는 무엇을 싫어하는지 또, 무엇을 좋아하는지 알아본다.

• 친구를 위해서 할 수 있는 일이 무엇이 있는지?

• 친구를 위해서 해서는 안 되는 일이 무엇이 있을지 이야기해본다.

■ 사진을 통해 영유아들의 표정을 보고 감정 표현해보기

⇒ 다양한 표정의 사진 준비하기

⇒ 먼저 나의 감정을 알고 상황에 맞게 감정을 표현하는 연습하기

⇒ 나의 감정을 제대로 알아야 상대방의 감정도 알 수 있다.

⇒ 기쁨과 노여움, 슬픔과 즐거움이라는 감정을 얼굴로 표현해 보면서 자신과 다른 사람을 이해하고 배려하며 존중한다.

■ 푸드 매체 탐색

⇒ 사각사각, 바삭바삭, 뻥튀기 씹는 소리는 경쾌하며 사람의 기분을 좋게 한다.

⇒ 뻥튀기를 손으로 만져보고 입으로 먹어보고 미각도 자극시키고 소리 자극을 통해서 어떤 기억이 떠오르는지 자신과 만나는 시간을 갖는다.

⇒ 푸드 매체를 이용한 활동은 놀이처럼 즐길 수 있는 여유가 있어야 한다.

⇒ 다양한 재료들을 관찰하고 탐색하며, 재료에 대한 기본특성을 알아간다.

⇒ 뻥튀기로 표현할 때 물과 만나게 되면 뻥튀기가 약해서 쉽게 부서지기 때문에 손의 힘 조절이 필요하다는 점도 이야기 나눈다.

<전개>

■ 뻥튀기에 다양한 표정으로 감정 표현해 보기

⇒ 기쁨과 노여움, 슬픔과 즐거움이라는 감정을 얼굴로 표현해 본다.

⇒ 자신과 다른 사람을 이해하고 배려하며 존중한다.

⇒ 다양한 재료들로 나의 얼굴과 친구들의 얼굴을 창의적으로 표현해 본다.

⇒ 사과 같은 내 얼굴 노래를 함께 불러본다.

⇒ 다양한 표정을 만들어 본다.

■ 푸드 활동 시 주의할 점

⇒ 다양한 재료들을 관찰하고 탐색하며, 재료에 대한 기본특성을 알아간다.

⇒ 뻥튀기로 표현할 때 물과 만나게 되면 뻥튀기가 약해서 쉽게 부서지기 때문에 손의 힘 조절이 필요하다는 점을 먼저 이야기 나눈다.

〈종결〉

■ 예술 경험

⇒ 창의적으로 표현하는 과정에서 다양한 예술 경험을 한다.

⇒ 아이들의 놀이는 정답이 없다. 푸드놀이는 작품의 결과물이 중요한 것이 아니라, 푸드
   놀이 활동을 실행해 보는 것이 중요하다.

⇒ 푸드놀이를 통해 희, 노, 애, 락, 기쁘고, 화나고, 사랑하고, 즐거운 감정을 아는것 만으
   로도 충분하다.

⇒ 나의 감정을 알고, 상대방의 감정도 만나보자.

■ 작품 감상하기

⇒ 내가 만든 '뻥튀기의 다양한 변신', '나와 친구와 가족의 얼굴'를 친구와 함께 감상한다.

⇒ 가정과의 연계 : 뻥튀기 푸드놀이는 가정에서 부모님과 자녀가 함께 쉽게 할 수 있는
   활동이다. 가족의 현재의 감정 표현하기.

⇒우리 엄마는 무엇을 좋아하는지, 우리 아빠는 무엇을 싫어하는지, 그리고 우리 아이가
   무엇을 좋아하고 무엇을 싫어하는지 가족들을 배려하고 이해하는 마음을 느껴본다.

⇒가족들끼리 서로에 관한 이야기도 나누어보면서, 완성된 우리 가족 작품을 함께 감상해
   보고, 예술 경험을 할 수 있다.

5.

라면과 국수의 콜라보

생활 주제	봄 나들이	
인성 덕목	존중	
학습 유형	자연탐구, 신체표현, 예술경험	
활동 목표	1. 내가 되고 싶은 이상적인 몸과 얼굴을 찾아서 표현해보며 예술 경험을 한다. 2. 남녀의 공통점과 차이점을 알 수 있다. 3. 다양한 경험이나 사물을 표현하여 감상하며 상상하기를 즐긴다.	
준비물	재료	도구
	다양한 모양의 라면, 다양한 색의 스프, 국수, 다양한 과자, 국수, 다양한 색의 색지, 색 초코볼, 파, 메추리알	다양한 색과 크기의 색지
사전 준비	* 다양한 모양과 색 있는 스프와 라면을 준비해 놓는다.	

<도입>

■ 라면과 국수의 콜라보 예술 표현

　⇒ 푸드로 무의식의 나를 표현하면서 칼 로저스가 말한 인간은 적절한 환경이 주어지면 온전한 자기가 되려는 본능적인 충동을 가지며 누구나 스스로 자신 안에 내재된 치료적인 힘을 발견하게 된다.

　⇒ 예술작품 활동은 내 안에 있는 무한한 가능성과 잠재능력을 발굴하는 훌륭한 기회를 경험할 수 있고 또한, 이러한 경험을 통해서 내가 누구인지 나를 알아보고 자기 자신이 치유가 되는 놀라운 경험을 할 수 있다.

■ 신체 표현

　⇒ '라면과 국수'로 나의 신체를 사용해서 표현해 보는 활동을 통해 소중한 우리 몸에 대해 이해하는 시간을 갖는다.

　⇒ 머리 어깨 무릎 발 노래를 불러보며 나의 신체를 살펴보면서 신체활동에 즐겁게 참여한다.

　⇒ 건강한 생활 습관이 우리의 건강한 신체를 가져올 수 있음에 대하여 이야기 나눈다.

■ 성과 역할에 대하여 이야기

　⇒ 그림 자료를 보면서 이야기 나누어본다.

　⇒ 남성? 여성? 성하면 떠오르는 것이 있는지?

　⇒ 내가 알고 싶고 관심 있는 것을 적어보거나 말해 본다.

　⇒ 남자와 여자가 가진 외적인 공통점과 차이점에 대해서 말해 본다.

　⇒ 남자와 여자의 몸에 대한 나의 고정관념과 역할에 대해서 이야기 나누어 본다.

■ 개정 누리과정에서 추구하는 목표 및 내용(자연탐구)

　⇒ 나만의 다양성과 개성의 아름다움에 대해 말해 보고 내가 되고 싶은 몸을 표현해 본다.

　⇒ 다른 사람의 평가가 아닌 나만의 외적인 모습과 내적인 모습을 아는 시간 '나를 알아차림'이 필요한 것에 대하여 이야기 나눈다.

　⇒ 스스로 가치 있는 존재임을 인식하고 자신의 있는 그대로의 모습에 대한 긍정이 필요하다.

■ 자존감이란?

⇒ 자존감(Self-esteem)은 말 그대로 자신을 존중하고 사랑하는 마음이다.

⇒ 자존 정신이 건강해야 어른도 아이도 삶이 행복하다.

<전개>

■ 존중하고 사랑하는 마음

⇒ 멋지고 튼튼한 나의 몸으로 경험하고, 즐거웠던 한때를 상상해 본다.

⇒ 소풍, 나들이 경험을 떠올려 보며 자연과 생활에서의 아름다움을 느낀다.

⇒ 내 주변에 여자친구, 남자친구의 모습도 떠올려 보며 창의적으로 표현해 본다.

⇒ 다양한 예술 표현을 통해 자신의 생각과 느낌을 표현한다.

⇒ 또래의 예술작품을 감상하며 상상하기를 즐긴다.

■ 푸드 매체 탐색 및 가정 연계 활동

⇒ 친숙한 재료인 라면과 국수의 모양을 살펴본다.

⇒ 모양과 색, 맛에 대하여 이야기 나누어 본다.

⇒ 끓였을 때의 모양과 맛의 변화에 대하여 이야기 나누어본다.

⇒ 먹어본 경험을 이야기해 본다.

⇒ 맛있는 라면 노래를 들으며, 상상의 나래를 펼쳐본다.

■ 푸드놀이 시 주의사항

⇒ 활동을 통해 자신을 존중하고 사랑하는 마음을 키워 볼 수 있다.

⇒ 재료의 특성을 이해하여 라면 스프를 가지고 장난치지 않도록 하고 활동 전에 오목한 볼에 담아 두거나, 사용할 때 절취해서 사용하도록 하며, 눈에 들어가지 않도록 주의 사항에 대하여 이야기 나눈다.

⇒ 손으로 눈을 비비지 않도록 안전에 대하여 이야기 나눈다.

<종결>

■ 예술감상

⇒ 영유아들의 작품을 귀하게 여기고, 존중하며 소중히 여긴다.

⇒ 가정 연계 활동으로 완성된 내 작품을 가지고 가서 소개해 보기도 하며, 가정에 있는 라면과 국수로 가족들과 함께 맛을 보기도 하고 푸드놀이를 하면서 변화과정을 직접 경험해 본다.

⇒ 행복했던 시간여행을 상상하며 표현해 보는 시간을 가진 후, 소중한 나의 몸은 나에게 최고의 몸이라는 것을 인식한다.

⇒ 내 몸의 주인은 바로 나라는 사실과 나의 몸을 소중하게 사랑해야 하는 것, 수십억 명이 살아가는 지구상에서 나라는 사람은 딱 한 사람이라는 사실에 대하여 이야기하며 마무리한다.

6.

희망을 품은 나비야

생활 주제	봄	
인성 덕목	존중	
학습 유형	언어, 표현, 신체	
활동 목표	1. 내가 바라는 희망을 나비의 날개로 설명할 수 있다. 2. 나비의 생김새와 움직임에 관심을 가지고 자유롭게 표현한다. 3. 나비가 되어 내가 한 일에 대해 자긍심을 가진다.	
준비물	재료	도구
	다양한 시리얼, 젤리, 색 초코볼, 메추리알, 계란, 파프리카, 새싹 보리	색 도화지, 도마, 빵칼, 색 모루, 일회용 비닐장갑, 일회용 비닐 팩
사전 준비	* 영유아 개인별 아기 사진 준비하기 * 새싹 보리 관찰영역에서 재배하기	

<도입>

■ 비상의 날개! 희망을 품은 나비야~ 만들기

■ 놀이의 중요성

　⇒ 프뢰벨(Froebel)은 "놀이는 아이가 자라는 과정 자체이다"라고 한다.

　⇒ 영유아는 놀면서 즐겁고 행복하다

　⇒ 영유아가 스스로 하고 싶어 한다.

　⇒ 영유아는 놀이하며 마음껏 상상할 수 있다

　⇒ 영유아의 생각에 따라 주도적으로 이끌어 간다.

　⇒ 영유아가 놀이하는 과정 자체가 놀이이다.

■ 영유아와 재미있는 게임 놀이

　⇒ 개인별 아기 사진 준비하기

　⇒(게임) 누구일까요? 진행하기

　하나, 둘, 셋 하면 이구동성으로 외친다.

　⇒ 아기의 모습과 현재의 모습 비교하기

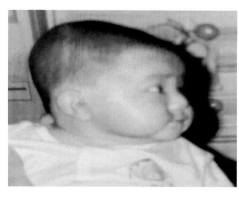

■ 나비의 성장 과정

　⇒ 알에서 3~5일이 지나면 작은 애벌레가 알껍데기를 갉아 먹으면서 알에서 나옴

　⇒ 애벌레로 살아가는 시간은 10~14일이다.

⇒ 허물벗기를 다섯 번 하고 난 후 번데기로 변신한다.

⇒ 안전한 곳을 찾은 애벌레는 입에서 뽑아낸 실로 몸을 단단히 고정시킨다.

⇒ 번데기에서 11~15일 동안 애벌레는 서서히 나비의 모습으로 변한다.

⇒ 시간이 갈수록 번데기의 색이 점점 투명해지면서 마침내 번데기에서 날개가 달린 나비가 나온다.

<전개>

⇒ 새싹 보리 키우는 모습 관찰하기

⇒ 직접 키운 새싹 보리 사진과 실물로 제시하기

⇒ 새싹 보리는 파종 후에 10~15cm 정도 자란 어린잎을 말한다.

⇒ 다 자란 보리보다 영양성분이 무려 100배가 많다.

⇒ 철분은 시금치의 23배, 칼슘은 우유의 4.5배, 칼륨은 사과의 20배 등 우리 몸에 좋은 성분이 많은 음식이다.

■ 번데기에서 나비로 태어난 느낌 나누기

　⇒ 힘차게 날아오르며 기쁜 마음이 들었다.

■ 만약 영유아가 나비처럼 힘차게 날아오른다면?

　⇒ 재미있을 것 같다.

　⇒ 다른 친구와 함께 하늘을 훨훨 날며 놀고 싶다.

■ 푸드 매체 탐색

　⇒ 푸드 재료는 먹어보고 맛을 느껴 본다.

　⇒ 영유아 자신의 모습을 나비로 표현해 본다.

　⇒ 나비 2가지 종류를 만든다.

　⇒ 다양한 시리얼, 젤리, 초코볼, 일회용 비닐 팩 또는 일회용 비닐장갑, 모루, 빵 끈으로
　　시연

　⇒ 영유아가 지금 하고 싶은 것이 있다면?(예: 친구와 함께 하늘을 훨훨 날아가고 싶어요)

　⇒ 보리 새싹, 메추리알, 젤리, 단무지, 계란을 사용해 작품을 만든다.

　⇒ 영유아가 하고 싶은 것이 이루어진다면 기분은 어떨까?

　⇒ 이야기를 통해 영유아의 자존감을 키워준다.

\<종결\>

■ 자존감의 정의

⇒ 자신을 존중하고 사랑하는 마음

⇒ 나의 마음을 표현하고 나의 마음과 다른 사람의 마음을 존중하는 마음(인성 덕목 : 존중)

■ 작품 감상하기

⇒ 내가 만든 '희망을 품은 나비' '즐거움을 품은 나비'를 친구와 함께 감상한다.

⇒ 확장 놀이 : 개정 누리과정 신체운동과 연계 가능

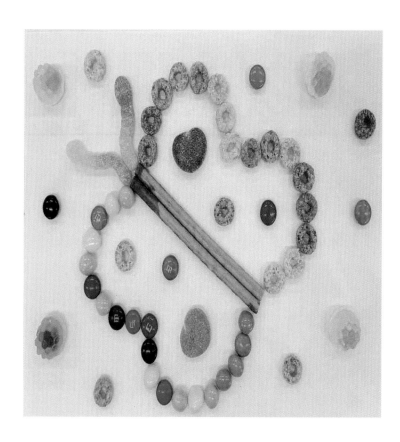

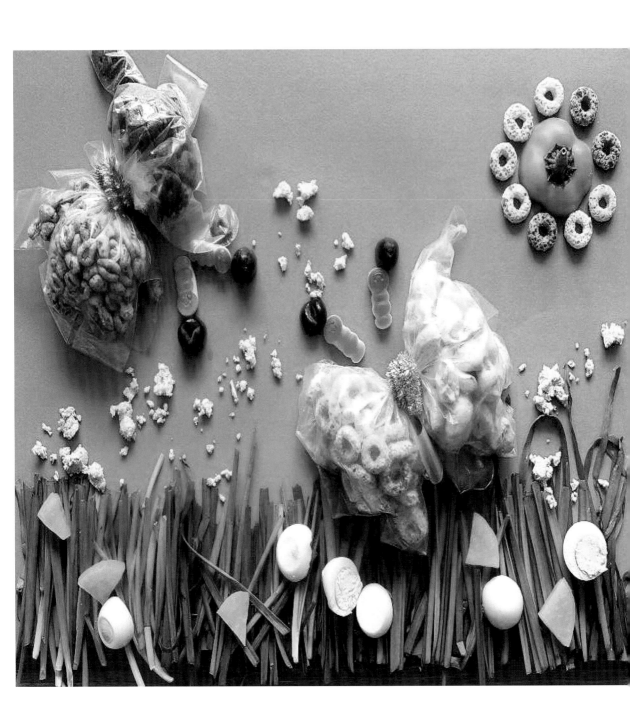

7.

마음 퍼즐 조각 맞추기

생활 주제	봄	
인성 덕목	존중	
학습 유형	오감 활동, 마음 표현	
활동 목표	1. 밀가루가 주는 다양한 탐구활동으로 예술 활동을 즐긴다. 2. 밀가루 반죽의 촉감을 느끼며 창작 활동으로 표현해 본다. 3. 예술 경험을 통하여 마음의 사랑을 전한다.	
준비물	재료	도구
	밀가루, 물, 다양한 식용 색소	매트, 볼, 도마, 밀대, 찍기 틀
사전 준비	* 다양한 색깔 물로 밀가루 반죽하여 준비한다.	

<도입>

■ 마음 퍼즐 조각 맞추기

■ 밀가루 반죽 놀이의 특성
　⇒ 영유아에게만 국한된 게 아니라 남녀노소 모두에게 좋은 놀이이며, 정서적 안정에 효과가 있다.
　⇒ 애착 형성에 효과적인 밀가루 반죽 놀이

■ 애착이란?
　⇒ 양육자나 특별한 사회적 대상과 형성하는 친밀한 정서적 관계
　⇒ 영·유아기의 안전과 보호에 기초한다.
　⇒ 불안. 초조. 회피는 나타나지 않는다.
　⇒ 마음을 표현한다.

■ 밀가루의 특성을 살린 다양한 촉각 놀이
　⇒ 밀가루 놀이, 가루에 물을 넣어 만든 반죽 놀이, 또 밀가루에 다양한 색 물을 섞어 만든 색깔 반죽 놀이 등
　⇒ 함께 놀이를 하는 사람들 간에 친밀감을 형성할 수 있다.
　⇒ 밀가루 반죽을 이용한 활동은 손의 감각으로 느낄 수 있는 감각통합 활동이다.
　⇒ 맨발로 밀가루 반죽을 밟는 활동 또한 감각 통합 활동으로 신체 대근육 활동까지 할 수 있어 영유아들에게 흥미와 재미를 줄 수 있다.
　⇒ 내 마음대로 자유롭게 정답이 없는 밀가루 놀이는 표현의 자유가 있어서 실패에 대한 두려움이 없다.

■ 마음 → 퍼즐 조각
　⇒ 내게 맞는 것도 있고 맞추기 어려운 것도 있다.
　⇒ 마음의 크기와 모양이 각기 다르기 때문에 처음에는 나와 상대방의 마음을 맞지 않지만, 서로가 이해하고 조금만 양보한다면 마음의 퍼즐 조각 맞추는 일도 어렵지 않을 것이다.

⇒ 사람은 누구나 사랑받고 싶고 존중받고 싶은 욕구가 있으며, 그런 욕구가 채워졌을 때 행복하고 사랑을 느끼게 된다.

■ 행복의 감정, 사랑의 느낌을 아는 것도 연습이 필요함

⇒ 푸드놀이를 통해 이러한 느낌을 연습해볼까요?

⇒ 밀가루놀이와 밀가루와 물을 희석하면 변하는 과정을 지켜본다.

⇒ 밀가루 반죽으로 마음 퍼즐 조각 맞추기 활동을 함께한다.

<전개>

■ 푸드 재료 탐색

⇒ 물체의 특성과 변화를 여러 가지 방법으로 탐색한다.

⇒ 밀가루를 탐색하고 특성을 알아본다.

⇒ 밀가루 반죽을 조물조물 촉감을 느껴본다.

■ 활동하기

⇒ 매트를 책상 위에 올려놓는다.

⇒ 밀가루 반죽을 손으로 주물러 다양한 모양으로 만들어 본다.

⇒ 다양한 모양에 각자 개성 있는 표현을 한다.

⇒ 도형 틀로 찍어 본다.

⇒ 모양이 서로 다른 도형들을 모자이크로 꾸며 본다.

■ 모자이크 작품 사진

■ 핑거페인팅

⇒ 감각적이고 촉각적인 느낌을 가져다준다.

⇒ 밀가루에 여러 가지 채소의 즙에서 나온 다양한 색을 이용한 활동은 편안함과 긴장을 이완하는 효과를 줄 수 있다.

⇒ 손에 묻는 것과 촉촉하고 끈적거리는 감촉을 싫어하는 영유아는 놀이를 거부하는 경우가 있다는 것을 염두에 둔다.

⇒ 전분 가루와 물, 쌀가루와 물, 생크림 등을 이용한다.

⇒ 안전한 푸드 매체로 영유아들이 좋아하는 놀이 활동으로 장애를 가진 영유아들에게도 안전하고 편리한 놀이 활동이다.

⇒ 푸드 매체를 활용한 핑거페인팅은 저항을 감소시킨다.

⇒ 본 활동이 시작되기 전에 감정을 이완하는 효과 영유아들과 애착 관계 형성에 긍정적인 영향을 준다.

■ 핑거페인팅 사진

■ 누리과정에서 자연 탐구

⇒ 푸드 재료를 탐구하는 과정을 즐긴다.

<종결>

■ 확장 활동 : 수제비 만들기

■ 작품 감상하기

　⇒ 나의 작품을 발표하며 서로 다른 모양을 보며 이야기를 나눌 수 있다.

　⇒ 친구들이 만든 것을 감상하며 존중한다.

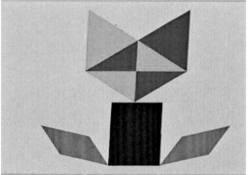

8.

봄의 향기를 그리는 화가

생활 주제	봄
인성 덕목	자존감
학습 유형	창의적 표현, 탐구
활동 목표	1. 양파의 특성을 알아보고 다양한 예술 표현을 통하여 즐긴다. 2. 봄의 향기를 그리는 화가가 되어 꿈을 심어 준다.

	재료	도구
준비물	색 도화지, 양파	도마, 빵칼

사전 준비	* 양파의 매운 냄새를 찬물에 10분 정도 담가 꺼내 물기를 닦아 준다.

<도입>

■ 봄의 향기를 그리는 화가

⇒ 봄이면 생각나는 것을 알아본다.

⇒ 봄의 피는 꽃을 알아본다.

■ 봄의 특징

⇒ 겨울과 여름 사이의 계절

⇒ 천문학적으로는 춘분과 하지 사이의 계절

⇒ 초목이 싹트는 따뜻한 계절

⇒ 기상변화가 심함(날씨의 변화)

⇒ 아지랑이, 이동성 고기압, 황사현상, 심한 일교차

■ 봄의 미각

⇒ 비타민 공급원

⇒ 봄철 채소는 쉽게 상하지 않는 싹

⇒ 봄철 어패류

■ 봄의 곤충

⇒ 노랑나비, 남방씨알붉나비, 청띠신선나비

⇒ 먹줄왕잠자리, 부채장수잠자리

⇒ 꽃등에, 곰개미, 무당벌레

■ 양파의 특성

⇒ 11월에 심고 3월에 수확

⇒ 모양은 둥글다.

⇒ 알싸한 매운맛이 있으며 단맛이 있다.

⇒ 우리 몸에 좋은 영양소가 풍부하다.

⇒ 비타민 흡수를 돕는 역할로 야채나 과일과 함께 먹으면 좋다.

■ 소통, 대화

⇒ 양파로 푸드놀이를 하며 이야기를 주고받으며 소통한다.

■ 마음먹은 대로 된다.

⇒ 내가 하고 싶은 일을 하면서 마인드 컨트롤을 한다.

⇒ 꿈을 실현할 수 있다.

⇒ 자신에게 용기를 줄 수 있다.

⇒ 나의 꿈에 향기를 입혀준다.

<전개>

■ 푸드재료 탐색

⇒ 양파를 이리저리 굴려 살펴본다.

⇒ 양파를 가로, 세로로 잘라 관찰한다.

⇒ 잘린 양파 속을 관찰한다.

■ 양파의 다양한 모양

■ 활동하기

⇒ 색 도화지를 책상 위에 올려놓는다.

⇒ 매운 냄새를 뺀 양파로 가로, 세로로 잘라 본다.

⇒ 자른 양파로 여러 개의 꽃을 만들어 본다.

⇒ 모양이 서로 다른 것들을 꽃밭을 꾸며 본다.

■ 표준보육과정

⇒ 서로 다른 예술작품을 표현한다.

⇒ 일상에서 아름다움에 관심을 가지고 감성을 기른다.

■ 누리과정에서 예술 경험

⇒ 작품에서 아름다움을 느끼고 문화적 감수성을 기른다.

<종결>

■ 작품 감상하기

⇒ 내가 만든 양파 꽃과 친구가 만든 양파꽃을 이야기해본다.

⇒ 친구들이 만든 것을 예술 감상하며 존중해요.

⇒ 내가 만든 꽃의 향기에 대해 이야기해 본다.

⇒ 양파의 모양을 내가 원하는 대로 할 수 있다.

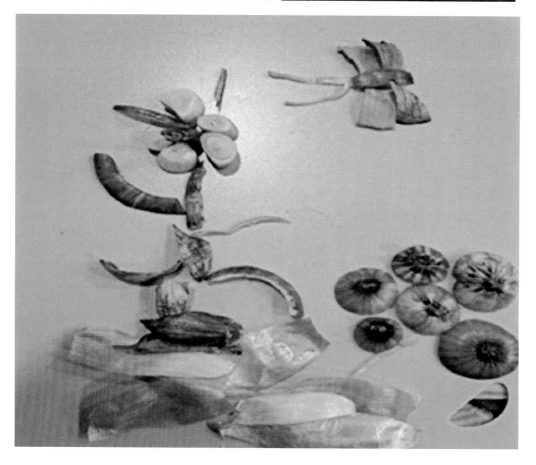

9.

동물 친구와 함께 살아요

생활 주제	동물	
인성 덕목	책임감	
학습 유형	표현예술, 과학적 사고력, 신체활동	
활동 목표	1. 우리와 함께 살아가는 동물에 대해 관심을 가진다. 2. 내가 함께하고 싶은 동물을 창의적으로 표현한다.	
준비물	재료	도구
	컵케익, 빵, 오렌지, 키위, 레몬, 피망, 오이, 건살구, 견과류, 상투 과자, 긴모양 과자	도마, 빵칼, 작품 접시, 가위, 빨대, 강아지 손인 형,
사전 준비	* 조르주 쇠라의 작품인 「그랑자트섬의 일요일 오후」 그림 준비 * 밝은 회색 우드락을 준비한다.	

<도입>

■ 생활 주제별 표준보육과정, 누리과정 지도 연계 방안

⇒ 유아 교육기관과 친구, 나와 가족, 우리 동네, 동식물과 자연, 건강과 안전의 생활 주제에 속한다.

⇒ 영유아들은 자연을 소중히 여기고 생명의 존귀함을 알며 감사하는 마음을 가질 수 있는 활동이다.

■ 유아기 인성교육의 주요 덕목

⇒ 배려, 존중, 협력, 나눔, 질서, 효로 제시되어 있다.

■ 인성 8대 덕목

⇒ 배려, 존중, 협력, 나눔, 질서, 효, 책임감, 질서, 정직으로 제시되어 있다.

⇒ 사람이 아닌 동물에 대한 책임감에 대해 알아본다.

■ 명화 속에 등장하는 강아지 찾아보기

⇒ 제시한 명화 속 배경은 어떤 풍경으로 보여지나요?

⇒ '그랜드 자트섬의 일요일 오후' 작품을 제시한다.

⇒ 화창한 여름, 평화롭고, 여유로운 일요일 오후를 보내는 파리의 시민들이 어느 작은 섬에 산책을 나온 풍경을 그린 작품을 감상해 본다.

■ 동물(강아지)과 함께 산책했던 경험 나누기

⇒ 나의 주변에 동물을 찾아보며 먼저 관심을 가진다.

– 내가 산책했을 때 강아지를 만났던 경험이 있었나요?

– 강아지와 산책했을 때 기분은 어떠했는지 이야기를 나눈다.

■ 반려동물 정의

⇒ 사람과 동물이 함께 더불어 살아가며 심리적 안정감과 친밀감을 주는 친구, 가족과 같은 존재라는 뜻이다.

⇒ 사람에게 즐거움을 주기 위해 기르는 동물이라는 뜻으로 애완동물이라고 부르기도 한다.

■ 생각 나누기

⇒ 반려동물과 함께 있을 때 해줄 수 있는 것을 생각해 본다.

⇒ 내가 해줄 수 있는 것은 무엇이 있을까요?(예) 강아지의 먹이를 줄 수 있다.

– 강아지와 산책을 같이 할 수 있다.

– 장난감으로 놀아 줄 수 있다.

⇒ 반려동물이 나에게 기쁨을 주었던 일은 무엇이 있을까요?(예) 외출하고 왔을 때 먼저 반겨주었던 일

– 누군가 필요할 때 먼저 달려와 주었던 일

– 아플 때, 외로울 때 속상하고 화가 날 때도 함께 해 준다.

⇒ 반려동물에게 책임감을 가지고 관심을 가지는 일

– 규칙적인 패턴의 활동으로 이루어 생활화되어야 한다.

– 예방 접종하기, 아플 때 병원 데려가기

– 꾸준한 지속적인 관심과 사랑

– 항상 옆에서 지켜주는 반려동물 지키미

<전개>

■ 푸드 매체 준비

■ 푸드로 만들고 싶은 동물 정하기

⇒ 좋아하는 동물을 이야기 나누어 본다.

⇒ 동물 백과 그림책을 사전 도서 영역에 제시해 준다.

⇒ 동물들의 모습을 살펴보며 이야기를 나눈다.

- 나에게 가장 행복했던 순간을 표현하는 활동인 행복 샌드위치 『사랑이 푸들 』 내가 기르고 있는 사랑이랑 놀아 줄 때가 행복하다.

- 자연사랑 활동으로 자연의 훼손으로 슬퍼진 북극곰 가족에게 주는 이모티콘 메시지 『힘내 북극곰 가족』

■ 작품 활동하기

⇒ 자동차를 표현한다.

⇒ 붉은피망을 반으로 자른다. 자를 때는 꼭지 부분을 살려 자른다.

⇒ 피망의 안쪽 씨 부분을 정리한다.

⇒ 피망이 안정감 있게 잘 세울 수 있는지 확인한다.

⇒ 노랑(초록) 피망을 붉은피망과 똑같이 하나 더 만든다.

⇒ 오이를 가로로 잘라 바퀴 모양 8개를 만든다.

⇒ 동물의 몸통을 만든다.

⇒ 컵케익은 피망의 크기대로 양쪽을 자른다.

⇒ 자른 컵케익을 피망 속으로 넣는다.

⇒ 오렌지, 키위, 레몬을 2/3로 잘라둔다.

⇒ 자른 과일을 피망 속으로 넣는다.

⇒ 동물의 얼굴을 표현한다.

⇒ 컵케익의 갈색 부분 위쪽을 적당히 자른다.

⇒ 동물의 얼굴을 각각에 눈과 코와 귀를 오일과 포도, 견과류 등으로 표현한다.

⇒ 동물의 팔은 빼빼로 등으로 표현한다.

⇒ 빼빼로를 컵케익 몸통 부분에 끼워 넣는다.

⇒ 피망에 바퀴 모양의 오이를 당면으로 고정한다.

⇒ 몸통에 동물의 얼굴을 당면이나 빨대로 고정하여 마무리한다.

<종결>

■ 작품 감상하기

⇒ 작품들을 보며 또래와 함께 이야기 나누어 본다.

⇒ 작품 속 각각 동물의 특징에 대해 이야기를 나누어 본다.

⇒ 만약 작품 속 동물에게 이름을 지어준다면 활동을 해 본다.

⇒ 자신의 작품을 만들어 또래와 함께 이야기를 나눠보면서 자신감을 기를 수 있다.

⇒ 또래의 작품을 감상하며 푸드 매체의 다양성을 경험한다.

■ 확장 활동

  ⇒ 만든 작품으로 동물원을 꾸며본다.

  ⇒ '꼬리잡기 게임' 신체활동을 할 수 있다.

10.

바나나와 도넛 튜브

생활 주제	여름
인성 덕목	자존감
학습 유형	창의 활동, 게임 활동
활동 목표	1. 통합적 사고력과 소근육 발달을 기대한다. 2. 여름 바닷가 해변에서 놀이한 경험을 표현해 본다. 3. 활동을 통해 자신의 내면세계를 표현해 볼 수 있다.

	재료	도구
준비물	바나나, 도넛, 파프리카, 브로콜리, 방울토마토, 젤리, 스파게티와 라면, 초코(석기시대)	파란색 우드락, 도마, 빵칼, 빨대(당면, 이쑤시개), 초코펜, 유아용 가위, 긴도마

사전 준비	＊ 스파게티와 라면을 물에 불려 둔다. ＊ 교사 자리에 따뜻한 물을 준비해 초코펜을 미리 담아놓는다.

\<도입\>

■ 여름 바닷가 - 해변에서의 놀이

⇒ 어린 시절 가족과 이웃(또래)과 놀았던 추억을 연상한다.

⇒ 모래놀이 경험

- 모래성 쌓기

- 두꺼비 집 만들기

- 어장 만들기

- 배수로 파기

⇒ 바닷가 물놀이 경험- 파도 소리가 들리는 넓고 깊은 바다

- 바다, 파도에 대한 두려움과 신났던 경험

⇒ '튜브'란 바다에 대한 두려움을 이겨내게 해준 경험

■ 튜브가 주는 메세지

⇒ 나도 할 수 있어 'I can do it!'

⇒ 나 자신에게 두려움을 극복할 수 있는 힘과 용기를 주는 의미

■ 도움을 받았던 또 다른 경험

⇒ 자전거 배울 때 - 보조 바퀴

⇒ 걸음마를 배울 때 - 걸음마기

■ 자존감

⇒ 영유아 시기에 어려운 과정을 겪을 때 도움을 받으면서 용기를 내어 극복하는 과정에서 자존감이 회복되면서 향상되는 경험을 하게 된다.

■ 비고스키의 인지발달 이론

⇒ 근접 발달지대 : 유아 스스로 독립적으로 과제를 해결할 수 있는 현재의 실제적 발달 수준과 자신보다 인지적 유능한 성인 또는 또래의 도움을 받아 과제 해결할 수 있을 것으로 기대되는 잠재적 발달 수준의 차이를 말한다.

⇒ 비계설정 : 유아의 근접발달영역 내에서 유아가 스스로의 힘으로 문제를 해결할 수 있
도록 적절한 도움을 제공하는 것이다.

⇒ 비고스키는 유아의 사고 과정은 사회적 상호작용을 통해서 발달하기 때문에 학습 활동
이나 사고 과정을 이해하기 위해서는 유능한 성인이나 또래 즉, 사람들과의 관계의 중
요성을 강조한다.

– 열매 : 유아가 혼자 힘으로 문제를 해결할 수 있는 수준의 발달

– 꽃봉오리, 꽃 : 다른 사람의 도움으로 문제를 해결할 수 있는 수준

■ 튜브의 소재 탐색

⇒ 소재는 바나나와 도넛

⇒ 손쉽게 구입할 수 있고 가격이 저렴하다.

⇒ 즐겨 먹는 간식이라 먹어도 되는 안전한 식재료이기 때문에 적극적이며 주도적인 참여
활동이 가능하다.

⇒ 정답이 없으며 그 표현 자체가 예술적 감각이 뛰어나기 때문에 자아 존중감이 높다.

⇒ 보트와 튜브 작품의 예시

■ 기대효과

⇒ 푸드 재료를 맛있게 먹는 즐거움을 느낄 수 있다.

⇒ 푸드를 통해 내면에 잠재된 생각과 느낌을 자유롭게 표현할 수 있게 되는 경험할 수
있다.

⇒ 푸드 표현의 표상을 통해 영유아들의 창의성이 향상된다.

⇒ '바나나와 도넛 튜브' 푸드놀이를 진행하는 과정에서 교사는 또래와의 관계를 관찰할 수도 있다.

⇒ 놀이 중심의 교육적인 가치를 기대해 볼 수 있다.

<전개>

■ 푸드 매체

■ 활동하기

⇒ 바나나를 바닥에 세울 바닥 부분을 편편하게 잘라준다.

⇒ 바나나 껍질 중간 부분을 길게 잘라 벗겨 본다.

⇒ 벗긴 부분을 빨대(옥수수 이쑤시개)로 돛을 만들어 본다.

  – 활동하기 전 주의할 점은 빵칼과 이쑤시개에 대한 안전 수칙을 이야기 나눈다.

  – 영유아들이 빵칼을 사용할 때 자신의 손이나 옆 친구들과 장난치지 않도록 하며, 도구

를 안전하게 사용할 수 있도록 이야기를 나누도록 한다.

⇒ 토마토나 젤리류를 튜브 위에 태워주듯이 바나나 위를 장식해 본다.

 – 영유아 중에는 바나나로 튜브를 만들기도 하지만 배나 보트를 표현하기 때문에 자유
  롭게 선택할 수 있게 한다.

 – 친구와 함께 타는 놀이를 상상해 보기도 하는데 젤리와 방울토마토를 선택해서 의인
  화하며 꾸미기도 한다.

 – 작품 활동 시 소재에 맞게 재료가 정해져 있거나, 푸드놀이에 순서가 정해져 있지 않기
  때문에 영유아가 재료 선택에 있어 자유롭게 선택할 수 있도록 권장하는 것이 중요하다.

⇒ 도넛 위에 초코릿 튜브로 모양을 꾸미고 표현해 본다.

⇒ 빨간색 노란색 파프리카를 반으로 잘라 파라솔을 꾸며 본다.

⇒ 바나나를 세울 수 있게 아래를 편편하게 자른 후 꼭지 부분을 V자로 칼집을 넣은 부분
  을 펼쳐 야자수 잎을 만들어 본다.(칼집을 넣어 놓는다.)

⇒ 준비한 파란색 우드락 위에 라면과 스파게티 면을 뱅글뱅글 돌려 파도 모양으로 표현
  해 본다.

⇒ 우드락 위에 모두가 만든 바나나 보트와 도넛 튜브, 파프리카 파라솔, 야자수 등을 또
  래와 의논하며 배치해 본다.

〈종결〉

■ 피드백

⇒ 질문과 토론을 통해 놀이 중심의 교육적 가치를 기대해 본다.

⇒ 완성된 작품을 통해 또래 간의 관계도 파악할 수도 있다.

 – "누구와 여름 바닷가에 놀러갔나요?", "튜브를 타본 경험이 있는지 기분은 어떠했나
  요?", "튜브에는 누가 타고 있나요?"

⇒ 푸드 재료를 맛있게 먹어가며 다양한 감정을 친구들과 소통해 본다.

 – 푸드놀이를 하는 동안 재료 중 뭐가 제일 맛있었나요?

■ 활동의 마무리

⇒ 나의 작품을 친구들에게 소개해 볼 수 있게 한다.

⇒ 다른 친구들의 작품을 모두 감상한다.

⇒ 우드락 위의 협동작품을 전시해 본다.

■ 확장 활동

⇒ 가정 연계 활동으로 가족여행을 통해 여름 해변의 다양한 경험을 할 수 있도록 한다.

⇒ 영유아들이 토너먼트 게임으로 진행하는 '바나나 왕중왕 게임'을 진행한다. 바나나를 하나씩 가지고 부러지지 않고 최종까지 남는 친구가 왕중왕이 되는 게임이다.

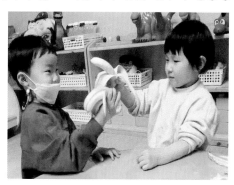

11.

바닷속 물고기 친구들

생활 주제	여름	
인성 덕목	소통	
학습 유형	사회관계, 예술경험	
활동 목표	1. 나의 감정을 표현해 보며 나눔을 경험해 본다. 2. 바다의 생물에 대한 관심을 가지고 바다 세상을 꾸며본다. 3. 다양한 재료를 활용하여 창의적으로 표현해 본다.	
준비물	재료	도구
	미역, 다시마, 건목이 버섯, 건포고 버섯, 양파링, 검은콩, 고래밥, 왕꿈틀이, 젤리, 설탕	파란색 우드락, 소라모형, 은박지
사전 준비	* 미역과 건목이 버섯, 건포고 버섯은 물에 불려 둔다. * 다시마는 물고기 모양으로 잘라둔다. * 은박지로 물고기 모양으로 접어둔다.	

\<도입\>

■ 활동 목표

⇒ 바다에 관심을 가지고 자연에 대한 아름다움을 알 수 있다.

⇒ 바다 동식물의 특징과 생김새에 대해 호기심을 가지며 자유롭게 표현해 볼 수 있다.

■ 앞 시간 해변에서 놀았던 경험과 연계 활동 제시

⇒ 해변에서 바닷속 심해 아주 특별한 친구들을 만나러 간다.

물고기, 거북이, 산호초, 해초류 등 연상

⇒ 그 친구의 이름은 무지개 물고기이다.

■ 푸드 재료 제시

⇒ 바닷가에 가면 흔히 볼 수 있는 미역과 다시마

⇒ 칼슘이 풍부한 바다의 채소 미역과 지방의 흡수를 막아주는 다이어트 식재료 다시마

⇒ 주재료 탐색

■ 우리의 밥상에 건강한 식단

⇒ 8가지 효능 : 항암효과, 혈관 건강, 건강하고 튼튼한 모발 탈모예방, 뼈 건강, 당뇨 예방에도 좋고 당뇨로 인해 합병증도 막아주며, 변비 예방, 빈혈 예방, 안구 건강으로 눈의 피로를 줄여 주는 8가지 효능이 있다.

■ 주재료의 요리

⇒ 미역은 영유아들이 좋아하는 생일날 빠질 수 없는 영양 만점인 미역국은 비타민도 미네랄도 풍부하고 혈액순환에 좋은 식재료

⇒ 미역과 다시마를 이용한 오감 체험활동에 많이 사용하는 재료 있다.

⇒ 미역과 다시마를 비교해 다른 점을 찾아보기와 영유아의 오감 활동 예시

⇒ 미역과 다시마 오감 체험활동 : 공통점과 차이점

■ 오감활동

⇒ 시각 : 눈으로 살펴보는 시각 활동

  - 흙갈색-청록색, 두껍다-얇다, 넓다-홀쭉하다, 통통하다-길쭉하다

  - 차이점과 비슷한 점 찾아보기

  - 눈이 하는 일에 대해 알아보기 & 눈을 이용해서 하는 직업 알아보기

⇒ 미각 : 입으로 맛을 보는 미각 활동

  - 짜다-바다의 맛, 생선 비린 냄새

  - 푸드놀이를 통해 다양한 맛을 보고 느낀 점을 말해 보기

  - 입이 하는 일에 대해 알아보기 & 입을 사용해서 하는 직업 알아보기

⇒ 후각 : 코로 냄새 맡는 후각 활동

  - 바나 내음, 생선 냄새, 싼 냄새

  - 여러 가지 불투명 병에 냄새를 바람을 일으켜 맡고 말해 보기

  - 식사 시간 전 식단 음식 알아맞추기 게임하기

⇒ 촉각 : 손으로 만져보기 촉각 활동

  - 거칠거칠하고 딱딱하다-딱딱하지만 잘 부서진다,

  - 말랑말랑하면서 끈적이다-미끈미끈하면서 부드럽다.

  - 비밀상자를 이용해서 손을 넣어 물건의 이름을 알아 맞추기

⇒ 청각 : 귀로 소리를 듣는 청각 활동
- 부러지거나 부서지면서 소리가 크다-소리가 가볍다. 불린 것에서는 소리가 나지 않는다.
- 불투명한 통 안에 방울, 말랑이 콩, 솜공, 스티로폼공, 동전, 돌멩이 등 각각 들어 있는 병을 흔들어 소리를 듣고, 관찰 결과를 기록하거나 맞추기 게임하기

⇒ 영유아의 오감 체험 시 충분한 양으로 이루어지도록 제공해야 한다.
⇒ 영유아의 몸의 여러 부분의 통한 자극을 주기 위해서는 오감 놀이 활동이 효과가 있으며 호기심 많은 영유아에게는 가장 인기가 많다.

■ 무지개 물고기 동화 들려주기
⇒ 아름다운 바다에 아름다운 무지개 물고기가 살고 있었다. 무지개 물고기는 반짝반짝 예쁜 비늘을 가지고 있지만 함께 나누며 배려하는 마음을 가지지는 못했다. 잘난 척을 하고 자신이 최고라고 여기며 살고 있었다. 하지만 비늘을 나누어 달라는 친구들의 부탁을 거절해 점점 외톨이가 되고 따돌림을 당하던 무지개 물고기가 문어 할머니의 도움을 받아 다시 생각을 하게 되었다. 친구들에게 자기가 가장 소중하게 여기고 아끼던 무지개 빛 비늘을 하나씩 하나씩 떼어 친구들에게 나누어 주며 친구와 함께 행복한 생활을 할수 있었다. 무지개 물고기는 배려의 소중함과 나누는 기쁨을 알고 또래와 행복하게 살아가는 무지개 물고기 친구 이야기의 동화 마르쿠스 피스터 작품이다.
⇒ 모두가 행복해지는 인간 관계에 대한 이야기
⇒ 삽화가 매우 아름다워 보는 것만으로도 즐거움을 얻을 수 있어 심미적인 아름다움을 충족해 주는 작품이다.

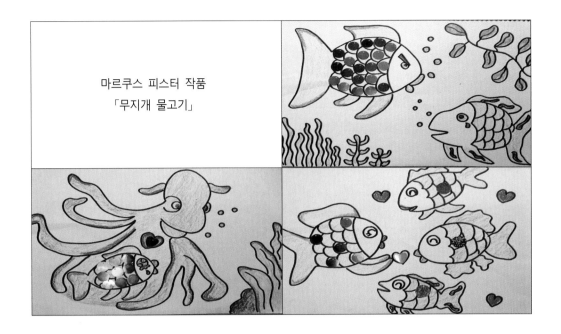

마르쿠스 피스터 작품
「무지개 물고기」

■ 무지개 물고기 동화를 읽고 표현하고자 하는 활동

⇒ 또래 간의 관계 속에서 소외감, 외로움, 위축감을 느끼는 친구

⇒ 푸드 재료를 이용해 관계 속에서 어려움을 겪는 친구나 나 자신을 표현해보는 푸드 활동

⇒ 푸드 매체의 오감 체험활동을 통해 마음을 치유할 수 있는 시간을 가져보는 활동

■ 동화를 읽고 바닷속을 다양하게 표현한다.

<전개>

■ 재료 탐색하기

⇒ 바닷속 풍경에 대해 이야기한다.

⇒ 무지개 물고기를 꾸밀 바탕을 다시마와 은박지를 선택하도록 제시한다.

⇒ 건조된 식재료와 물에 불린 식재료의 재료를 탐색해 본다.

■ 작품 활동하기

⇒ 선택한 무지개 물고기를 파란색 우드락 위치에 깔아준다.

⇒ 젤리와 해조류 등 다양한 재료를 이용해 표현해 본다.

⇒ 목이버섯과 미역, 다양한 재료를 이용해 자유롭게 표현해 본다.

⇒ 산호, 바위, 물방울 표현 등 모양을 겹치거나 포개어 다양하게 놓아 본다.

⇒ 작은 물고기를 고래밥 과자로 표현해 본다.

⇒ 젤리와 왕꿈틀이로 바닷속을 표현해 본다.

⇒ 마지막으로 각자가 표현한 바닷속 물고기 친구들을 우드락에 모아 바닷속 놀이터를 꾸며 본다.

 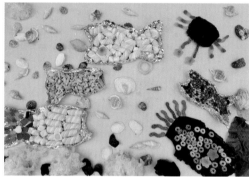

<종결>

■ 작품 감상

⇒ 협동화인 바닷속 놀이터 작품을 감상한다.

■ 피드백

⇒ 질문과 토론하기

⇒ 내가 만든 물고기의 특징은 무엇일까요?

⇒ 친구들과 음식을 나누어 먹어보았나요? 기분은 어떠했나요?

⇒ 가장 달콤한 맛의 식재료 이름은 무엇이었나요?

■ 활동의 마무리

⇒ 나의 작품을 친구들에게 소개해 본다.

⇒ 다른 친구들의 작품을 모두 감상한다.

⇒ 음식의 맛을 느낀대로 말해 본다.

⇒ 활동 후에 내가 만든 작품 푸드 재료 중 하나를 선택해서 미각, 청각, 후각, 시각, 촉각
　에 대해 이야기를 나누어 본다.

■ 확장 활동

⇒ 물고기 역할극 놀이

⇒ '동동 동대문을 열어라' 대문놀이 : 외부와 내부의 관계를 인식할 수 있는 신체활동으
　로써 소통의 인성 덕목에도 관계가 있는 활동이다.

⇒ '물고기랑 툭! 터놓고 말해요'라는 힘이 센 물고기, 작은 물고기의 가면을 쓰고 물고기
　흉내를 내며 서로 다르지만, 친구가 되어 소통해 보는 놀이를 진행해본다.

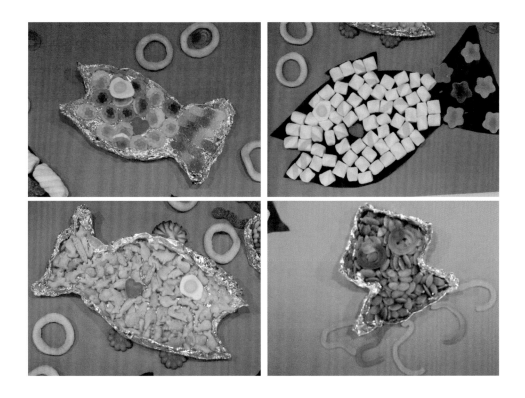

12.

거인의 정원

생활 주제	봄	
인성 덕목	소통	
학습 유형	사회관계, 예술경험	
활동 목표	1. 세계 여러 나라의 정원을 알아보고 이야기 나눈다. 2. 동화 속 정원을 꾸며 본다. 3. 거인의 정원을 통해 소통하는 법을 알아본다.	
준비물	재료	도구
	다양한 야채, 과자	빵칼, 도마, 작은 그릇, 모양 찍기 틀, 미니어처 소품
사전 준비	＊ 우엉은 단단하므로 미리 잘라 놓는다	

\<도입\>

■ 다른 나라의 정원을 알아본다.

아름다운 대표적인 정원은 주로 유럽에 있다.

⇒ 서양의 정원 - 화려

 - 주로 꽃, 나무, 잔디. 조각상 등으로 꾸며져 있다.

⇒ 동양의 정원 - 소박

 - 연못. 물, 돌, 나무. 목조건물 등

⇒ 한국의 정원

 - 중국의 영향을 받아 삼국시대부터 본격적으로 발달하기 시작-중국의 신선설(神仙說)
   에 입각

 - 자연과 조화된 초록빛 식물을 통해 마음의 치유 얻고자 하는 공간

⇒ 대표적 정원

 - 프랑스 - 베르사유정원, 캐나다 - 부차드가든, 스코틀랜드 - 우주적 사색의 정원, 파
   키스탄 - 살리마르정원, 대한민국 서울 - 경복궁, 대한민국 부여 - 궁남지, 대한민국
   순천 - 순천만 국가 정원, 일본 - 켄로쿠엔 정원

프랑스 베르사유정원　　캐나다 부차드가든　　서울 경복궁　　부여 궁남지

■ 계절에 피는 꽃 이름 알아보기

⇒ 봄 : 개나리. 목련. 민들레. 벚꽃. 수선화. 튜울립. 유채 등

⇒ 여름 : 백합. 백일홍. 붉은 인동. 원츄리. 맨드라미. 봉선화 등

⇒ 가을 : 코스모스. 국화. 나도샤프란.

⇒ 겨울 : 동백꽃. 군자란. 수선화. 매화. 복수초 등

■ 거인의 정원 동화 들려주기

⇒ 거인의 정원은 자신의 정원에서 뛰어노는 아이들을 막기 위해 담장을 높이 세워 썰렁하기 이를 데 없는 정원을 본 거인이 그제야 잘못을 깨닫고 담장을 허무는 거인의 이야기가 담긴 동화책이다.

⇒ 거인의 정원이라는 동화를 통해 나와 남 사이에 만들어 놓은 마음의 경계선을 통해 부모를 보면 웃고 낯선 사람을 보면 무서워하면서 낯가림을 하는 아이처럼 아이들의 내면을 보듬어 둘 수 있다. 아이들이 자연스럽게 담장을 허물거나 낮춤으로 서로 오해가 없도록 대화와 경청을 통해 소통의 기회를 가지며 오해 없이 문제 해결을 하며 나눔과 협력을 통해 더불어 살아가는 것이 중요하다는 것을 스스로 깨닫게 하고자 합니다.

<전개>

■ 재료 탐색하기

⇒ 우엉, 케일, 샐러리, 여주 등의 효능에 대해 알아본다.

 – 우엉 : 면역력 강화 및 노화 방지, 당뇨 개선 효과(이눌린- 유사 인슐린). 식이섬유 풍부. 다이어트 및 피부 미용에 도움

 – 케일 : 활성 산소 제거, 발암 물질 해독, 골다공증 예방, 다이어트, 눈 건강, 변비 예방, 피로 예방, 면역력 강화, 노화 방지, 해독 작용 등

 – 샐러리 : 다이어트. 면역체계 강화. 통증 감소. 혈압 조절. 유해 콜레스테롤 감소

 – 여주 : 당뇨와 성인병. 피로 회복과 감기 예방. 면역력 강화. 다이어트와 부종 등

⇒ 각자가 표현해 보고 싶은 정원을 만들기 위해 재료를 선택한다.

■ 활동하기

⇒ 우엉을 채칼 등의 도구를 사용하여 껍질을 벗겨 놓는다.

⇒ 굴과 당근 등으로 모양 찍기(당근과 오이 등)를 한다.

⇒ 우엉 껍질을 이용하여 나무줄기를 표현해 본다.

⇒ 케일이나 청경채. 샐러리 등으로 줄기 또는 잎사귀 등으로 이용해 보도록 한다.

⇒ 무순 등으로 풀 밭과 조그만 나무를 표현해 본다.

⇒ 기타 준비된 재료를 가지고 꽃과 정원에서 노는 아이들을 표현해 본다.

⇒ 주제의 포괄성을 감안하여 다양한 재료와 충분한 공간 확보 공간

　- 영유아의 표현이 한층 자유롭게 이루어질 수 있도록 한다.

　- 다양한 모양 찍기 틀을 이용하므로 충분한 소근육 활동

⇒ 다양한 과일과 채소의 색을 활용

　- 관찰력 증대 및 작품의 완성도 향상된다.

　- 또래와 상호작용하는 과정을 통해 언어 능력과 의사소통 기술을 증진된다.

<종결>

⇒ 표현 활동을 통해 자신만의 작품을 표현하여 창의성과 탐색을 즐긴다.

⇒ 예쁜 컵과 물을 이용해 꽃잎을 띄어 보며 연못에 대한 이해를 알아본다.

■ 개정 누리과정 자연 탐구/ 예술 경험

⇒ 개정 누리과정 중 자연 탐구에 자연과 더불어 살기

　- 주변의 동식물에 관심을 갖는다.

　- 생명과 자연환경을 소중히 여긴다.

　- 날씨와 계절의 변화를 생활과 관련 짓는다.

⇒ 개정 누리과정 예술 경험 중 예술 감상하기

　- 다양한 예술을 감상하며 상상하기를 즐긴다.

　- 서로 다른 예술 표현을 존중한다.

■ 마무리

⇒ 푸드놀이를 통해 다양한 음식 재료를 관찰, 탐색해보며 재료에 대해 알아본다.

⇒ 식재료를 거부감 없이 받아들여 골고루 먹어야 하는 이유도 알아본다.

⇒ 푸드놀이 과정을 통해 미적 감각과 표현력을 발달시켜 완성 작품을 감상한다.

⇒ 또래와 상호작용하는 과정을 통해 언어 능력과 의사소통 기술을 증진시킨다.

⇒ 과정을 통해 서로 존중해 주고 배려함으로써 구성원 전체가 행복해질 수 있다.

⇒ 발문을 통하여 영유아들의 생각을 들어보고 소통의 필요성을 느껴보도록 한다.

■ 확장 활동

⇒ 거인의 정원 동화책을 듣고 난 후 이야기해보기

⇒ 세계 여러 나라 건축물을 알아본다.

⇒ 우리나라의 고궁을 가본 뒤 정원을 둘러본다.

13.

아잇 따가워! 고슴도치 케이크

생활 주제	겨울
인성 덕목	배려
학습 유형	사회관계, 예술경험
활동 목표	1. 케이크 만들기를 통하여 추억을 찾아본다. 2. 푸드놀이를 통하여 식재료와 친해진다. 3. 예술 표현을 통하여, 서로를 이해한다.

	재료	도구
준비물	고구마, 단호박, 둥근 모양의 빵, 생크림, 과일, 견과류, 과자류 등	볼, 숟가락, 접시, 생크림 주머니, 케이크 장식
사전 준비	* 고구마와 단호박은 삶아 으깨 놓는다.	

<도입>

■ 동물들의 이야기 나누기

　⇒ 동물들의 종류를 이야기해 본다.

　⇒ 우리 주변에 사는 동물들 찾아보기

　⇒ 내가 키우고 싶은 동물이 있나요?

　⇒ 몸에 뾰족뾰족 가시가 있는 동물 이름이 뭘까? 수수께끼 맞춰보기

　⇒ 고슴도치를 본 적이 있나요?

■ 가시가 있는 동물 종류 알아보기

이름	성게	가시두더지	고슴도치
모양			
먹이	해조류	흰개미, 개미, 지렁이	잡식성으로 과일, 지렁이, 새의 알, 뱀 등

■ 고슴도치의 가시 동화 들려주기

　⇒ 고슴도치의 가시라는 동화는 고슴도치 두 마리가 추운 겨울밤을 함께 보내게 되자 추위를 이기려고 꼭 붙어 있자니 서로의 가시에 찔려 아프고 떨어져 있자니 밤공기는 너무나 차가워 어떻게 겨울밤을 무사히 보냈는지? 에 대한 내용으로 때로는 가족, 친구 등 가까운 사람들이 서로에게 큰 상처를 주나 가까운 사이일수록 적당한 거리가 필요하다는 것을 깨닫게 해주며, 예의란 마음의 촛불이 꺼지지 않을 만큼의 거리를 유지하는 것입니다. 즉 '예의'라는 단어 뒤에는 늘 '지키다'란 말이 따라붙듯이 상대의 마음에 주의를 기울이고 늘 살피는 것입니다. 촛불은 너무 가까이 다가가면 뜨겁고, 조금만 바람을 일으켜도 흔들리고 꺼집니다. 바람에 흔들리지 않게, 꺼지지 않게 조심조심 대하는 것, 밝고 고요하게 빛날 수 있도록 서로를 지켜주는 것이 예의입니다.

\<전개\>

■ 재료 탐색하기

⇒ 고구마와 단호박 으깬 것을 만져보고 촉감을 느껴보며, 효능에 대해 알아본다.

⇒ 고구마에 대한 유래를 알아본다.

⇒ 단호박 영양소에 관한 것을 알아 본다.(항산화, 섬유질)

⇒ 놀이 시 주의점으로 촉감을 고려하여 영아에게 고구마와 단호박 등을 위생 팩에 넣어 만져보고, 두드려 보며 오감각을 느껴보고 서로 이야기를 나눠 본다.

⇒ 아잇 따가워! 고슴도치 케이크 만들기라는 작품 매체를 통한 개인 및 집단 활동 놀이 로 인성 덕목 중 다른 사람을 배려하는 태도와 예의에 해당된다.

⇒ 다양한 견과류의 맛을 보고 이야기 나눈다.

⇒ 생크림의 맛을 보고 느낌을 표현한다.

■ 식자재를 이용한 아잇 따가워! 고슴도치 케이크 만들기를 해 보도록 한다.

■ 활동하기

⇒ 고구마와 단호박 으깬 것을 함께 섞어 본다.

⇒ 으깬 고구마와 단호박, 카스텔라를 접시에 담아 모양을 만든다.

⇒ 생크림을 골고루 예쁘게 발라 본다.

⇒ 견과류를 가지고 고슴도치 가시를 표현해 본다.

⇒ 과일이나 채소로 케이크를 꾸며 본다.

⇒ 초나 긴 막대 모양의 과자로 나이만큼 꽂아 본다.

⇒ 시각은 크기나 색감에 대한 인지 능력을 높여 준다.

⇒ 청각은 소리를 통한 자극으로 관찰력과 표현력을 향상시킨다.

예를 들어 동물의 소리를 흉내 내는 활동은 음의 높낮이와 강약을 알게 하여 리듬감을 발 달시키고. 청각은 또한 방향감각(공간지각능력)을 높여 준다.

⇒ 미각은 관찰력과 상상력을 발달시킨다.

⇒ 피부를 통한 자극(촉각)은 집중력을 높여 준다.

⇒ 이러한 감각을 통합하여 현실을 보다 실제감 있게 느낄 수 있으며 이는 긍정적인 자아 개념과 대인 관계 형성의 근본이 된다.

⇒ 고슴도치 케이크 놀이에 있어 영아는 재료가 들어있는 위생 팩이 터지지 않도록 주의하여야 한다.

, ⇒ 유아는 다양한 도구를 사용하는 법과 케익에 얽힌 즐거웠던 기억에 대해 이야기 나누며 활동하는 것도 좋으며 영유아 모두 생크림 바를 때 주위 사람에게 피해가 가지 않도록 서로 배려하는 모습에 대해 사전 이야기를 나누도록 한다.

■ 작품감상

⇒ 내가 만든 케이크를 함께 나누어 먹으며 소통한다.

⇒ 자신만의 작품을 표현한다.

⇒ 영유아들이 케이크라는 친근한 매체로 저항감 없이 접근할 수 있다.

⇒ 친근한 식재료에 대한 높은 관심을 갖는 모습을 볼 수도 있다.

⇒ 푸드놀이를 통해 자신이 가지고 있는 지식과 경험뿐 아니라 상상력을 발휘하여 표현해 볼 수 있다.

⇒ 활동에 즐겁게 참여하여 질서를 지키고, 친구를 배려하는 태도와 즐거웠던 자신의 경험을 이야기해 보이는 모습이 많이 보임으로 친구와 소통하는 바른 태도를 기를 수 있다.

<종결>

■ 마무리

⇒ 푸드놀이를 통해 다양한 식재료를 관찰, 탐색해 보며 재료에 대한 기본 특성을 알아본다.

⇒ 신체 협응력을 기르며, 오감각을 사용하여 푸드놀이 과정을 통해 감각과 신체적 기능을 발달시킨다.

⇒ 완성 작품을 감상하며 또래와 상호작용하는 과정을 통해 언어 능력과 의사소통 기술을 증진시킨다.

⇒ 푸드놀이 활동을 통해 서로 존중해 주고 배려함으로써 구성원 전체가 행복해질 수 있다는 것을 알게 한다.

■ 확장 활동

⇒ 고슴도치의 가시 동화책을 듣고 난 후 이야기해보기

⇒ 내가 좋아하는, 내가 만들고 싶은 케이크의 모양에 대해 이야기해보기

⇒ 고슴도치 케이크를 어떤 모양으로 만들어 볼까요?

⇒ 친구에게 생일 카드 써 보기

⇒ 고슴도치 종이접기

⇒ 생일 케이크 초를 꽂음으로 수 익히기

⇒ 케이크에 대한 추억 이야기해보기

14.

꿀벌과 병정 나들이 도시락 만들기

생활 주제	도시락	
인성 덕목	존중	
학습 유형	푸드놀이 오감 활동, 표현하며 상상하기	
활동 목표	1. 사랑의 도시락을 만들어 즐거운 나들이를 생각한다. 2. 내가 만든 도시락으로 친구와 나눠 먹기도 한다.	
	재료	도구
준 비물	소시지, 밥, 마른 김, 치즈, 채소, 파프리카, 카레 가루, 과일, 젤리, 아몬드 슬라이스, 스파게티	도마, 칼, 접시, 펀치, 가위, 도시락
사전 준비	* 소시지는 미리 삶아서 준비한다. * 밥 1공기 준비한다.	

<도입>

■ 꿀벌과 병정 나들이 도시락 만들기

■ 영·유아들은 또래 관계에서 다양한 감정을 느낄 수 있다.

  ⇒ 영·유아들은 놀이 활동 시 또래 관계에서 다양한 감정을 느낀다.

  ⇒ 영·유아들이 감정을 표현하며 상호작용 할 수 있도록 도움이 필요하다.

  ⇒ 놀이 중심 유아 중심으로 놀이에 몰입할 수 있도록 창의적인 환경 구성한다.

■ 선생님은 보육 과정 중 과중한 피로와 스트레스를 받는다.

  ⇒ 힘을 내용 선생님! 존중과 신뢰를 바탕으로 전문성과 자율성을 인정하고 교육에 대한
신념을 공유한다.

  ⇒ 오감을 자극하는 방법과 기술로 푸드를 이용하여 흥미로운 시간을 가져본다.

  ⇒ 예술 표현을 통한 스트레스 해소와 행복감을 증진할 수 있어 교사의 자기 효능감이 향
상된다.

■ 나들이 장소를 상상해 보기

  ⇒ 꽃이 많은 공원 나들이

  ⇒ 넓은 잔디와 분수가 있는 곳 나들이

  ⇒ 낙엽이 있는 가로수길 나들이

  ⇒ 즐거웠던 나들이 이야기 들어보기

■ 나들이에 필요한 것 생각하기

　　⇒ "나들이 즐거움이 될 도시락이 필요하겠죠?"

　　⇒ "그럼 나들이 도시락을 만들어 볼까요?"

　　⇒ "캐릭터 도시락 어때요?"

　　⇒ "귀여운 꿀벌과 병정으로 도시락을 만들어 볼까요?"

■ 도시락 만들기는 푸드놀이 활동으로 꿀벌과 병정을 만들어 도시락을 구성해 보며 즐거웠던 나들이를 상상해 본다.

<전개>

■ 재료 탐색하기

　　⇒ 푸드 재료를 알아보고 주물러 본다.

　　⇒ 푸드 재료를 먹어보고 맛을 느껴 본다.

　　⇒ 좋아하는 재료는 무엇인지 말해 본다.

■ 꿀벌과 병정 나들이 도시락을 만들어 보기

⇒ 병정 만들기

- 미리 삶아 놓은 소시지를 반으로 자르고, 또 얼굴로 사용할 소시지를 동그랗게 잘라 놓는다.
- 소시지로 병정 몸통과 얼굴을 만들어 스파게티로 연결해 몸체를 만든다. 이때 손에 찔릴 수 있으니 조심한다.
- 김으로 자라서 눈, 코, 입을 만들어 병정 얼굴에 붙여 완성한다.
- 2~3개 병정을 만들어 완성한다.
- 병정은 용감합니다. 그래서 꼬마 병정은 우리에게 즐거움으로 피곤과 스트레스를 해소해 줄 것이다.

■ 자~ 상상의 나라로 여행을 떠나볼까요?

⇒ "도시락의 즐거운 추억은 무엇이 있을까요?"

⇒ "즐거운 마음으로 도시락을 만들어서 어디로 여행 가고 싶은가요?"

⇒ "누구와 같이 가고 싶은가요?"

⇒ 꿀벌 만들기

- 준비한 밥을 카레 가루에 잘 섞어 노란 밥을 만들어 준비한다.
- 노란 밥으로 작은 꿀벌 몸통을 만들어 준비한다.
- 꿀벌 몸통에 치즈를 잘라 말아 꿀벌 배를 만들어 놓는다.
- 치즈 위에 김을 길게 잘라 2줄을 붙여 배 줄무늬를 꾸며 본다.
- 김을 잘라서 꿀벌 눈, 코, 입을 구성하여 완성한다.
- 아몬드 슬러시로 꿀벌 머리와 귀를 만들어 본다.
- 2~3개 꿀벌을 만들어 완성한다.
- 노란 꿀벌은 꿀을 좋아하지요.

■ 나들이 도시락 꾸미기

⇒ 준비한 도시락에 채소와 과일 그리고 젤리로 꾸며본다.

⇒ 병정과 꿀벌을 넣어 도시락을 완성한다.

■ 활동 후 자신의 느낌과 생각을 발표한다.

⇒ 도시락 만들기 활동을 통해 느낀 점을 이야기를 나누며 마음을 표현하는 시간을 가진다.

⇒ 그동안 표현하지 못했던 감정을 푸드 매체로 표현해보는 기회를 통해 친구와 새로운 관계를 형성한다. 자기 효능감 향상할 수 있다.

⇒ 나만의 도시락으로 상상하기 즐기기는 동심, 설렘, 소풍, 여행이 있다.

■ 표준보육 과정 예술 경험하기

⇒ 표준보육 과정 '예술 경험'에 '창의적으로 표현하기'

– 도시락 만들기 놀이 경험을 표현해보기

⇒ 표준보육 과정 '예술 경험'에 '예술 감상하기'

– 서로 다른 작품을 감상하고 존중한다.

<종결>

■ 개정 누리과정에서 추구하는 목적

⇒ 영·유아가 푸드놀이에 몰입하려면 선생님의 상호작용이 중요하다.

⇒ 오감을 통해 호기심과 탐구심을 가지고 감정을 표현하며 창의력과 상상하기를 즐긴다.

⇒ 인성 덕목 중 '존중'이다.

■ 사회 인싱 존경의 정의

⇒ 자신의 작품에 자긍심을 가지고, 타인의 다양성을 인정하며 서로가 존중을 배운다.

■ 확장 활동

⇒ 다양한 캐릭터 도시락을 만들어 볼 수 있다.

⇒ 가정에서 도시락을 만들어 보고 가족 나들이 계획을 세워본다.

15.

과일과 토스트의 만남

생활 주제	만남	
인성 덕목	소통	
학습 유형	언어, 표현, 나눔,	
활동 목표	1. 도형에 관심을 가지고 과일을 이용하여 새로운 맛을 표현해 본다. 2. 푸드놀이를 통한 나눔을 실행하고 친구와 소통하며 서로 다른 예술을 감상하며 즐긴다.	
준비물	재료	도구
	식빵, 과일, 견과류, 초콜릿 잼, 딸기 잼, 설탕 가루, 치즈	도마, 칼, 접시, 도형 틀
사전 준비	* 과일을 깨끗이 씻어 준비한다.	

<도입>

■ 과일과 토스트의 만남

■ 만남! 만남이란?

   ⇒ 만남! 생각만 해도 마음속 한 부분에서 설렘이 가득하다.

   ⇒ 사람과 만남, 그리고 우리는 수많은 사람과 함께 관계를 맺고 살아가고 있다.

   ⇒ 우리 인간의 만남은 동·식물의 만남과 달리 이성을 가진 값지고 아름다운 만남이라 할
     수 있다.

   ⇒ 많고 소중한 만남

   ⇒ 분명히 하늘에 뜻이 있어 만남의 관계를 맺게 된 것

■ 만남 사진

   ⇒ 또래의 만남

   ⇒ 관계 속의 만남

   ⇒ 수많은 다양한 사람과의 만남

■ 우연이 인연이 되어서 만난 사람들을 포함하여 세상을 떠날 때까지 수많은 만남이 있다.

   ⇒ 이러한 많은 소중한 만남은 분명히 하늘에 뜻이 있어 만남의 관계를 맺게 된 것이다.
     운명이라고도 한다.

   ⇒ 따라서 이 뜻 있고 아름다운 만남을 소중히 간직하고, 영원히 좋은 관계로 동행할 수
     있는 보배로운 관계가 되어야 한다.

■ 선생님들도 많은 만남이 있다.

■ 만남의 중요성

⇒ 만남의 중요성을 생각한다.

⇒ 왜? 만남이 중요할까요?(행복, 불행)

⇒ 많은 친구와 주변의 소중한 만남을 생각한다.

⇒ 우리의 만남은 우연이 아니야!

■ 만남을 소중하게 생각하며 풍부하고 유익한 푸드 재료를 통해 활동

'과일과 토스트의 만남 만들기'로 새로운 만남의 세계를 즐겨보며 나눔을 실천해 보자. 먼저 요리 놀이 활동으로 푸드재료 과일 종류와 토스트를 탐색해 보자

<전개>

■ 재료 탐색

⇒ 재료를 먹어보고 맛을 느껴본다.

⇒ 과일을 잘라보고 속을 관찰한다.

⇒ 무엇을 만들까 생각해 본다.

■ 찍기 탐색하기

⇒ 여러 가지 도형에 관심을 가지고 재료를 이용하여 도형 찍기 놀이를 해 보자.

⇒ 어떤 도형을 제일 좋아하나요?

⇒ 놀이를 풍부하게 하기 위해서는 놀이 방법이 정해지지 않은 자유롭고 비구조화된 개방적인 열린 놀이 자료를 제공해 주어 마음껏 표현하게 한다.

⇒ 새로운 만남의 세계를 즐기고 나눔을 실천할 수 있다

한 눈으로 알 수 있는 풍부하고 유익한 푸드놀이 활동인 과일과 토스트의 만남 만들기

■ 활동하기

⇒ 식빵을 서로 다른 도형 틀로 구멍을 만들어 준비한다.

⇒ 다른 식빵에 누텔라 잼과 딸기 잼을 발라 준비한다.

⇒ 위에 치즈 한 장을 껍질을 벗겨 깔고 견과류를 솔솔 뿌려 놓는다.

⇒ 구멍 낸 식빵을 그 위에 올려놓는다.

⇒ 구멍 난 식빵 위에 좋아하는 과일을 넣어 본다(과일과 토스트의 만남).

⇒ 자~ 과일과 토스트 그리고 견과류가 만남으로 멋진 요리 작품이 되어 즐겁게 예술 경험을 할 수 있다.

⇒ 작품 위에 설탕 가루를 솔솔 뿌려 눈이 하얗게 내린 것처럼 구성하여 완성한다.

⇒ 완성된 작품을 적당하게 잘라 접시에 담아내거나 도시락에 넣어 구성해 본다.

⇒ 만남을 생각하며 즐겁게 오감 각을 충족시켜 예술 활동을 통해 감정을 표현해 본다.

⇒ 서로 다른 푸드 재료로 만든 토스트의 만남을 발표해 본다.

■ 표준보육과정 사회관계, 예술 경험하기

⇒ 표준보육 과정 '사회관계'에 '더불어 생활하기

– 푸드 활동을 통해 만남을 생각하며 가족의 의미를 느끼기

– 소중한 만남의 친구와 사이좋게 지내기

⇒ 표준보육 과정 '예술 경험'에 '예술 감상하기'

– 토스트 예술작품을 경험하며 즐기고 서로 다른 예술 표현을 존중하기

<종결>

■ 관계 인성에서 소통의 정의

⇒ 막히지 아니하고 잘 통함, 뜻이 서로 통하여 오해가 없음

⇒ 푸드놀이 활동을 통하여 만남을 소중하게 여기며 소통한다.

■ 확장하기

⇒ 다양한 도형을 이용하여 서로 다른 재료로 작품을 만들어 보고 예술을 표현한다.

⇒ 가정에서 가족과 함께 다양한 작품을 만들어 보고 서로 다른 예술 경험을 나누며 화목하게 소통한다.

■ 작품 감상하기

⇒ '과일과 토스트의 만남' 작품을 나눠 먹으며 소중한 만남으로 행복감을 증진한다.

16.

내 마음의 꽃이랑

생활 주제	가을	
인성 덕목	자존감	
학습 유형	언어, 신체, 예술 경험	
활동 목표	1. 자신의 강점을 꽃으로 표현해 보고 창의적인 놀이를 통하여 긍정적 사고를 기른다. 2. 친구의 이야기에 귀 기울이며 강점을 세워주고 자존감의 덕목을 기른다.	
준비물	재료	도구
	사과, 배, 감, 귤, 포도, 당근, 오이, 토마토, 푸른 잎 채소	도마, 빵칼, 접시, 꽃 모양 찍기 틀
사전 준비	* 과일 및 채소는 미리 깨끗이 씻어둔다.	

<도입>

■ 내 마음의 꽃이랑

■ 나의 장점, 나의 강점 알아보기

⇒ 누구에게나 하고 싶은 일이나 강점이 있다.

⇒ 내가 잘하는 것은 무엇인지 생각해 본다.

⇒ 서로에게 관심을 가지고 잘 할 수 있는 것들을 찾아본다.

⇒ 장점과 강점을 알아가며 자신감과 자기 효능감을 증진 시킨다.

■ 동기 : 강점 강화를 통하여 업무에 대한 즐거움을 증진

⇒ 즐거움을 통한 업무성취 기대

⇒ 성취를 통한 전문성 향상

■ 영유아와 함께 이야기 나누기

⇒ 내가 하고 싶은 것은 무엇일까?

⇒ 나의 강점은 무엇일까?

⇒ 친구가 잘 할 수 있는 것은 무엇일까?

⇒ 친구의 이야기에 경청하며 공감하기

■ 여러 가지 꽃 그림을 보고 강점을 상상해 본다.

⇒ 나는 어떤 강점이 있을까?

⇒ 나의 강점을 어떤 꽃으로 표현해볼까?

⇒ 나의 강점을 어떤 과일로 꾸며볼까?

⇒ 상상해 보며 나만의 꽃을 그려본다.

⇒ 여러 가지 꽃 감상하기

■ 친구의 강점 찾아주고 구체적인 사례에 칭찬하기

⇒ "○○는 인사를 잘해요?"

⇒ "○○는 그림 그리기를 좋아해요?"

⇒ "○○는 운동을 좋아해요?"

⇒ 친구의 강점을 찾아주고 구체적인 사례를 칭찬한다.

⇒ 내가 잘 할 수 있는 것, 친구가 잘 할 수 있는 것들을 알아보고 서로의 강점을 알아간다.

<전개>

■ 재료 탐색하기

⇒ 가을에 볼 수 있는 과일을 알아보고 모양과 색, 맛, 향기를 느껴 본다.

⇒ 내가 좋아하는 과일은 무엇인지 말해 본다.

⇒ 과일을 이용하여 나의 강점을 꽃으로 표현해 본다.

■ 나의 강점을 꽃으로 표현하기

⇒ 미리 씻어서 준비한 과일을 가지런히 놓는다.

⇒ 푸른 잎 채소와 줄기를 잘라 놓는다.

⇒ 내가 좋아하는 과일들을 잘라 모양틀로 꽃 모양을 만든다.

⇒ 접시를 준비한다.

⇒ 푸른 잎 채소로 줄기를 표현한다.

⇒ 사과, 감, 귤껍질, 포도, 채소 등으로 꽃 모양을 꾸며본다.

⇒ 귤을 이용하여 해님과 구름을 만들어 본다.

⇒ 당근을 이용하여 나비를 완성한다.

■ 작품 표현하기

⇒ 완성된 꽃을 보며 자신이 찾아낸 강점을 이야기 나눈다.

⇒ 자신의 강점은 무엇인지? 구체적으로 또래와 이야기를 나눈다.

■ 활동 후 자신의 느낌과 생각을 나눈다.

⇒ 내 마음의 꽃 꾸미기를 통해 '나의 강점이 무엇인지 알 수 있다.

⇒ 나와 친구의 강점을 알아가며 자존감을 향상시킨다.

⇒ 강점을 강화시키기 위해 어떤 노력이 필요한지 소통한다.

<종결>

■ 개정 누리과정 영역(사회관계, 예술 경험)

⇒ 개정 누리과정 '사회관계'에 '나를 알고 존중하기' 범주에서 자신을 이해하고 존중한다.

⇒ 개정 누리과정 '예술 경험'에 '창의적으로 표현하기'

– 예술을 통해 창의적으로 표현하는 과정을 즐긴다.

– 다양한 예술 표현을 존중한다.

– 인성 덕목 중 사회 인성 '자존감'이다.

■ 확장 활동

⇒ 강점에 대한 글(동시)이나 그림으로 표현하기

⇒ 꽃과 나비를 연상하여 신체로 표현하기

⇒ 가족에게 내가 만든 꽃 작품을 소개하는 시간 가지기

17.

함께 만드는 희망 만다라

생활 주제	가을	
인성 덕목	공감	
학습 유형	창의 미술, 오감 놀이	
활동 목표	1. 희망을 생각하며 만다라 활동을 긍정적으로 표현한다. 2. 만다라 꾸미기 푸드놀이를 통해 친구의 소중함을 공감하고 존중하는 덕목을 기를 수 있다.	
준비물	재료	도구
	견과류(건포도, 아몬드, 해바라기 씨), 새싹 채소, 오이, 당근, 파스타면	도마, 빵칼, 접시, 꽃 모양 찍기 틀
사전 준비	* 과일 및 채소는 미리 깨끗이 씻어두고 여러 가지 견과류를 준비한다.	

<도입>

■ 만다라를 선택한 이유

⇒ 오늘날 현대인들은 많은 스트레스를 받으며 살아가고 있다.

⇒ 정서적인 불안, 갈등 내면세계에서 불안감을 가진다.

⇒ 자신에게 집중하여 마음을 가라앉히고, 자신의 마음속에 우주의 참됨을 깨달으며 나만의 만다라를 그려볼 수 있다.

■ 현장에서 받는 선생님의 스트레스

⇒ 정서적으로 안정되지 못한 영유아

⇒ 기본생활이 훈련되지 않은 영유아

⇒ 사회성 결여로 친구들과 친밀하지 못한 영유아

⇒ 여러 가지 부적응 행동으로 나타나는 영유아

⇒ 많은 어려움을 느끼는 현장의 직무 스트레스 등.

■ 희망 만다라를 통해 집중하여 나의 내면세계 알기

⇒ 내가 힘들다고 느낄 때가 있었나요?

⇒ 언제였나요?

⇒ 무슨 일 때문에 그랬나요?

⇒ 조용히 눈을 감고 집중해보기

■ 만다라

⇒ 인도 고대 언어인 산스크리트에서 유래

⇒ 기본적으로 원을 뜻하나 대체로 중심이 있는 정방형 이미지를 의미한다.

⇒ Manda(중심, 본질) 어근과 La(소유, 성취) 접미사로 마음속에 참을 갖추고 있음을 의미

■ 만다라의 근본

⇒ 인간이 자신에 대해 알고 경험하고 싶어 하는 조화와 우주 안에서 자신의 위치를 찾고

싶어 하는 열망에서 비롯

⇒ 균형과 치유의 상징

■ 만다라의 상징

⇒ 개인의 정신을 집중하게 함으로써 내면의 질서를 생성시키고 내면의 자기에 의미를 부
여하는 도구(활동)

■ 여러 가지 만다라

■ 만다라의 치유역사

⇒ 나바호 인디언들이 모래 만다라를 통해 상처의 병을 치유한다.

⇒ 만다라를 통해 고요를 경험, 개성화 과정을 촉진한다.

⇒ 전체 감과 균형을 찾아주는 데 도움을 준다.

⇒ 미술치료에 만다라 활용을 확대하고 있다.

예) 산만한 아이, 우울감(정서장애)

■ 칼 융(심리학자)

⇒ 만다라가 개성화 과정의 그림이라 정의한다.

⇒ 내면에 본원적으로 가지고 있는 규칙적인 유형에 따르며 화해와 전체성을 지향하는 안
전한 피난처 상징

⇒ 사람의 내부 정신 세계의 갈등과 경험이 꿈, 그림에 자연스럽게 나타난다고 믿고 있다.

<전개>

■ 푸드 매체 탐색하기

⇒ 여러 가지 견과류를 알아보고 모양, 색, 맛을 느껴 본다.

⇒ 내가 좋아하는 견과류는 무엇인지 말해 본다.

⇒ 푸드 매체를 이용하여 나만의 만다라를 상상해 본다.

■ 함께 만드는 희망 만다라

⇒ 여러 가지 견과류와 채소를 탐색한다.

⇒ 모양과 맛, 감촉을 느껴 본다.

⇒ 접시를 준비한다.

⇒ 오이를 잘라 중심을 만들고 블루베리로 표현한다.

⇒ 파스타 면을 잘라 중심을 꾸며 본다.

⇒ 오이와 당근을 모양틀로 찍어 중심으로 원을 표현한다.

⇒ 씨앗 채소로 원을 만들어 본다.

⇒ 해바라기 씨와 건포도를 이용하여 꽃을 완성한다.

⇒ 완성된 만다라를 보며 자신의 내면세계와 기분을 표현해 본다.

⇒ 완성된 만다라의 제목을 정해본다.

■ 활동 후 자신의 느낌과 생각을 나누어 본다.

⇒ 친구가 만든 만다라를 감상하고 활동에 참여한 소감을 서로 나눈다.

⇒ 서로의 기분, 감정, 느낌, 생각들을 다양하게 말해보고 경청한다.

■ 표준보육과정 영역(의사소통, 예술 경험)

⇒ 표준보육과정 '의사소통'에 '듣기와 말하기 범주에 속한다.

⇒ 표준보육과정 '예술 경험'에 '창의적으로 표현하기' 범주에 속한다.

〈종결〉

■ 개정 누리과정에서 추구하는 목적

⇒ 건강한 사람,

⇒ 만다라를 통한 푸드놀이를 통해 자신의 소중함을 알고 마음과 생각이 건강한 사람이
되며, 일상에서 아름다움을 느끼는 심미감을 가질 수 있다.

⇒ 인성 덕목 중 관계 인성 '공감'이다.

.

■ 확장 활동

⇒ 다른 문양이나 창의적 패턴으로 새로운 만다라 완성하기

⇒ 전지에 여러 명이 협동작품으로 만다라 완성하기

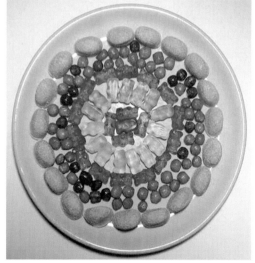

18.

가을 나무 꾸미기

생활 주제	가을	
인성 덕목	존중	
학습 유형	푸드놀이 오감 활동, 표현하며 상상하기	
활동 목표	1. 가을에 볼 수 있는 자연의 아름다움을 느껴 본다. 2. 계절에 따라 변화되는 색깔에 관심을 갖고 맛과 향기를 안다. 3. 자연의 변화와 아름다움 속에 서로 공감하며 협력하는 마음과 존중의 덕목을 기른다.	
준비물	재료	도구
	사과, 귤, 감, 레몬, 계피 나무껍질, 건포도, 무순, 포도	도마, 빵칼, 접시
사전 준비	* 여러 가지 과일을 깨끗이 씻어 건조 시킨 후 준비한다.	

<도입>

■ 가을의 색(동요 부르기)

가을은 가을은 노란색 은행잎을 보세요. 그래그래 가을은 노란색 아주 예쁜 노란색

아니 아니 가을은 빨간색 단풍잎을 보세요. 그래그래 가을은 빨간색 아주 예쁜 빨간색

아니 아니 가을은 파란색 높은 하늘 보세요. 그러면 가을은 무슨 색 빨강 파랑 노란색

■ 가을을 생각하면 떠오르는 것

⇒ 높은 하늘, 단풍잎, 가을꽃, 허수아비, 황금 들판이다.

⇒ 계절의 변화는 일상뿐만 아니라 삶 전체에 영향을 미치는 중요한 요인이다.

⇒ 우리나라는 사계절의 변화가 뚜렷해 날씨 변화가 크다.

■ 계절의 변화

⇒ 계절의 변화를 오감으로 느낄 수 있다.

⇒ 계절은 정지되는 것이 아니라 순환되는 연속적 과정임을 알게 되고 자연의 법칙을 체험한다.

■ 영유아들과 함께 할 수 있는 사전활동의 예시

⇒ 여러 가지 가을의 풍경을 느껴보도록 실외활동이나 산책을 한다.

⇒ 가을 공원, 가을 산으로 나들이를 간다.

⇒ 가을에 볼 수 있는 것들을 자연스럽게 이야기한다.

⇒ 가을에 피는 꽃: 국화, 코스모스가 있다.

⇒ 가을의 곤충으로 귀뚜라미, 고추잠자리 등이 있다.

⇒ 가을의 과일은 사과, 감, 배, 밤, 대추가 있다.

⇒ 가을의 곡식은 쌀, 수수, 조, 팥이 있다.

⇒ 껍질을 만져보고 모양, 색깔, 냄새를 비교해 본다.

■ 사계절 사진

■ 자연이 주는 풍요로운 가을 선물

⇒ 계절의 변화에서 느낄 수 있는 가을하늘, 가을 나뭇잎, 바람, 햇살을 통하여 다양하게 계절의 변화를 관찰하고 관련짓고 표상하며 소통하는 기술을 익히고 자연을 소중히 여기는 태도를 기를 수 있다.

⇒ 과일의 모양과 색에 관심을 갖고 가을 자연의 풍요로움에 감사하는 마음을 가질 수 있다.

⇒ 과일의 맛과 향기를 나눠보며 달콤해요, 새콤해요, 좋은 냄새가 나요. 등
이야기를 나누면서 오감을 통한 언어발달과 친밀함을 나눌 수 있다.

■ 가을 나무로 표현하기

⇒ 가을 하늘과 가을의 나뭇잎을 느껴 보면서 계절의 아름다움을 가을 나무로 표현해 본다.

⇒ 호기심을 기르게 되고 상상력을 표현할 수 있다

⇒ 독창적인 예술성, 심미감으로 마음의 즐거움을 가질 수 있다

⇒ 사계절의 나무를 감상해 보고 가을 과일로 나만의 가을 나무를 꾸며 본다.

<전개>

■ 재료 탐색하기

⇒ 가을에 수확하는 과일을 알아보고 모양, 색, 맛과 향기를 느껴 본다.

⇒ 생과일과 건조한 과일의 차이점이 무엇인지 알아본다.

■ 가을 나무 꾸미기

⇒ 미리 건조 시킨 과일을 준비하여 탐색한다.

⇒ 생과일과 건조한 과일을 관찰, 비교하여 본다.

⇒ 계피나무 껍질을 준비한다.

⇒ 접시를 준비한다.

⇒ 계피나무 껍질, 사과껍질 말린 것을 줄기로 표현한다.

⇒ 건포도로 나뭇잎을 꾸며 본다.

⇒ 사과, 귤을 건조 시킨 것으로 나무를 자연스럽게 꾸며 본다.

⇒ 오렌지와 레몬 건조된 것으로 낙엽을 표현한다.

⇒ 무순으로 낙엽 사이의 풀을 꾸며 본다.

⇒ 포도를 이 등분하여 나뭇가지에 올려 작은 새를 만든다.

⇒ 새의 눈을 만든다.

⇒ 완성한 가을 나무를 전시한다.

■ 가을 나무 감상 후 표현하기

⇒ 완성된 가을 나무를 보며 가을의 아름다움을 이야기 나눈다.

⇒ 가을 나무 꾸미기에서 계절의 풍요로움과 아름다움을 느끼고 꾸며보면서 나의 기분은 어떠했는지 말해 본다.

■ 표준보육과정 영역(의사소통, 예술 경험)

⇒ 표준보육과정 '의사소통'의 '듣기와 말하기 범주에 속한다.

⇒ 표준보육과정 '예술 경험'의 '창의적으로 표현하기' 범주에 속한다.

<종결>

■ 개정 누리과정에서 추구하는 목적

⇒ 건강한 사람

⇒ 가을 나무 꾸미기 푸드놀이를 통해 생명 존중의 소중함을 알고 마음과 생각이 건강한 사람이 된다.

⇒ 일상에서 계절의 변화에 아름다움을 느끼며 심미감을 가진다.

⇒ 인성 덕목 중 사회 인성 '존중'이다.

■ 확장 활동

⇒ 건조 시킨 가을 과일로 액자 꾸며보기

⇒ 사계절의 나무를 협동작품으로 꾸며보기

⇒ 가을 나무 동시 짓기

19.

과자집 만들기

생활 주제	겨울
인성 덕목	존중과 소통
학습 유형	언어, 표현, 인성
활동 목표	1. 가족 구성원과 함께 나눌 수 있는 사랑스러운 대화를 나누며 과자집을 만든다. 2. 겨울만이 가질 수 있는 눈의 세계를 솜사탕이나 설탕 가루로 오감과 예술성, 창의성을 표현한다.

준비물	재료	도구
	버터 코코넛, 각종 과자류, 투명 젤리, 새알 초콜릿, 시리얼, 솜사탕, 슈가 파우더, 식용 풀	도마, 접시, 손 인형, 조명 등

사전 준비	* 다양한 재료들이 섞이지 않도록 준비하기

<도입>

■ 세계의 집

⇒ 세계 여러 나라는 다양한 가옥 구조로 되어 있다.

⇒ 규칙이나 모양이 정해져 있지 않고 다양하다.

⇒ 나무 구매가 쉬운 핀란드인은 오두막집을 짓고, 이동 생활을 하는 몽골이나 인디언들
　은 천막으로 집을 구성하며, 습기가 많은 일본은 2층 구조로 된 다다미 형식으로 구성

⇒ 물이 흐르는 곳에 사는 태국은 수상가옥을 짓고, 북극에서는 얼음을 구입할 수 있어 이
　글루 얼음집을 짓는다.

⇒ 한국은 장마 때 빗물이 잘 내려오도록 기와집을 짓고, 산골에는 재료가 없어 너와집을
　짓기도 한다.

⇒ 이처럼 주거 위치의 고/저, 수로나 용수의 이용 가능성, 이동 가능성이 있는 주거인지,
　건축재료가 쉬운지에 따라 가옥 구조는 각양각색이다.

핀란드 오두막집

일본 다다미집

인디언 천막

몽고 게르

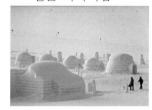
북극 이글루

태국, 베트남 수상가옥

한국 초가집

한국 너와집

한국 기와집

■ 만들면서 부르는 동요(즐거운 나의 집, 하워드 페인 작)

　즐거운 곳에서는 날 오라 하여도 / 내 쉴 곳은 작은 집 내 집 뿐이리

　내 나라 내 기쁨 길이 쉴 곳도 / 꽃 피고 새우는집 내 집 뿐이요

　오 사랑 나의 집 / 즐거운 내 벗 나의 집 뿐이리

　⇒ 고관대작의 집보다도 소통이 되는 평안한 곳이 내 집이라는 의미이다.

<전개>

■ 푸드 재료 탐색

　⇒ 푸드 재료를 먹어보고 맛을 느껴본다.

　⇒ 과자들을 잘라보고 소리, 색감, 크기, 모양을 관찰한다.

　⇒ 무엇을 어떻게 만들까 생각해 본다.

■ 과자집을 만들면서 오감 체험을 할 수 있다.

　⇒ 미각 : 달콤한 맛, 짠맛, 신맛의 과자들을 대할 수 있다. 맛을 볼 때 젤리나 알사탕, 마
　　시멜로 등은 목에 걸리기 쉬우니 쪼개서 맛보도록 한다.

　⇒ 후각 : 초콜릿 향, 레몬 향 등

　⇒ 촉각 : 꺼칠한 느낌, 부드러운 느낌 등

　⇒ 청각 : 큰 과자, 작은 과자 먹었을 때 느껴지는 소리

　⇒ 시각 : 색감을 느낄 수 있는 검은색, 흰색, 빨간색, 노란색 등을 보며 긴 모양, 동그란
　　모양, 고깔 모양, 세모 모양 등을 확인하며 즐깁니다.

■ 소근육 활동의 발달을 왕성하게 한다.

　⇒ 각종 모양의 과자들을 맛보고, 만져보고 주물러 본다.

■ 과자집 만드는 방법

　① 큰 과자로 벽면과 지붕을 접착 풀로 붙인다.

　② 접착이 완료될 때까지 사각 모양을 유지하여 집 모양이 유지되도록 한다.

③ 여러 가지 과자들을 이용하여 지붕, 벽면, 창문 등을 표현한다.
　- 겨울의 풍경의 눈이 오는 모습과 크리스마스를 기다리는 모습을 연출한다.
　- 푸드놀이로 즐겁게 재료 탐색과 맛을 보면서 오감을 충족시켜 예술 경험으로 창의적
　　인 놀이와 예술 활동을 통해 즐긴다.

■ 상호작용을 활발하게 한다.
⇒ 부모와 영유아의 대화를 통하여 더욱 따뜻한 행복과 정겨움을 느끼는 활동을 한다.
⇒ 부모와 영유아 간의 사랑과 존경으로 연결되어 있다면 영유아는 자라서 마음이 따뜻하
　고 남을 배려할 줄 알고 협동할 줄 아는 리더십이 있는 사람이 될 것이다.
⇒ 설탕 가루로 눈이 온 모습을 표현하고 작은 전구로 겨울밤을 표현한다.
이 활동을 통하여 부모와 영유아 간의 사랑을 느낄 수 있는 시간을 만들어 주며, 대화를
　통해 더 깊은 가족애가 싹튼다.

■ 사회관계 증진을 한다.
가정 구성원들에게 서로 감사하며 조부모님과 함께, 부모님과 형제, 자매들과의 행복한
　힐링의 시간을 나눈다.
영유아들 간의 공통 화제로 재미있는 역할 놀이가 일어날 것이다.

■ 표준보육 과정 '예술 경험'에 '창의적으로 표현하기'
⇒ 과자집 만들기로 경험이나 자신의 느낌을 이야기로 표현한다.
⇒ 표순보육과정 '예술 경험'에 '예술 감상하기'
　- 다양한 예술을 경험하며 즐기고 서로 다른 예술 표현을 존중한다.
　- 꼭 정해진 것이 없고 자유롭게 느낌들을 과자로 표현하다.

■ 인성교육에서 소통의 효과
⇒ 소통 속에서 서로 존중하며 경청하며 나의 의사 표현을 정확히 표현한다. 공감을 통해
　서로 이해하고 도와주며 격려하게 된다. 이로 인해 가정의 행복감과 안녕감을 느끼고
　고취시킬 수 있다.

〈종결〉

■ 마무리

⇒ 기후조건과 습도에 따라, 재료의 충분한 정도와 고도에 따른 이유 등으로 세계의 각 가옥 구조는 다양하다. 물론, 각각의 조건에 따라 다양한 가옥 구조가 존재한다고 해도, 가장 소중하게 인식되는 것은 사랑과 존중으로 이루어진 가정의 모습일 것이다. 서로 존중하고, 의지하며 살아가는 마음을 가지도록 한다.

■ 확장 활동

⇒ 지구의 여러 상황으로 다양성을 인정하고, 다문화 건의 문화를 이해하도록 한다
⇒ 부모참여 수업으로 활용하여 부모와 영유아의 신뢰와 행복감을 느낄 수 있도록 한다.
⇒ 지역사회 연계 활동인 나, 너, 우리 가족, 우리 동네, 우리나라를 깨달아보며 확장된 주변과 이웃을 살펴본다.

■ 작품 감상하기

⇒ 다양한 과자로 여러 유형의 집을 만들어 간다. 잘 부착된 과자 위에 설탕 가루를 뿌리면 하얀 눈이 온 것으로 연출할 수 있다. 그 과자집 안에 가족들의 행복한 웃음소리가 새어 나오는 것 같다. 각각 표현하는 방법은 다르나 달콤한 과자의 소재에서 행복감과 즐거움이 증대된다.

20.

밤하늘 풍경을 만들어봐요

생활 주제	겨울	
인성 덕목	협동	
학습 유형	탐구활동, 인성 덕목(협동)	
활동 목표	1. 밤하늘 풍경을 탐색해 본다. 2. 밤하늘의 아름답고 포근한 느낌을 표현해 본다. 3. 다양한 재료로 나만의 밤하늘 풍경을 만들어 본다.	
준비물	재료	도구
	채색된 시리얼, 계란 노른자, 야채, 김 사탕	아크릴판, 채칼
사전 준비	* 밤하늘, 북두칠성 사진을 준비한다. * 계란은 삶아서 준비한다.	

<도입>

■ 개정누리과정 속 추구하는 목표와 내용

⇒ 개정누리과정 '자연 탐구'에 목표

- 생활 속의 문제를 수학적, 과학적으로 탐구한다.

⇒ 개정누리과정 '자연 탐구'에 '생활 속에서 탐구하기' 범주에서

- 물체를 세어 수량을 알아본다.
- 물체의 위치와 방향, 모양을 알고 구별한다.

■ 우주의 광대함을 알기

⇒ 밤하늘을 보면 소수의 작은 별들만 보이는데 실제는 무수히 많은 별들이 존재한다.

⇒ 동일한 중력의 작용을 받는 별들이 집합된 큰 덩어리가 있는데 그것을 은하라고 한다.

⇒ 1광년은 지구에서 태양까지 1억 5천만 Km를 8분 20초에 도달하는 빠른 빛의 속도로 1년 동안 이동한 거리인데 한 개의 은하 공간은 무려 1000만 광년이나 되며 한 개의 은하 안에는 1000억 개의 별들이 있다고 한다.

⇒ 이런 은하가 우주 전체에 1000억개 이상이 있다고 하니 그 별들의 숫자는 바다의 모래보다 많다는 것을 알 수 있다.

■ 북두칠성 탐색하기

⇒ 하늘의 별들은 모두 지구의 자전과 공전에 의해서 위치가 바뀌는데 북두칠성은 항상 비슷한 자리에 있어서 붙박이별이라는 별칭을 가지고 있다

⇒ 북두칠성은 국자 모양으로 생겼는데 손잡이 끝부분에 있는 북극성은 북극에서 1도밖에 떨어져 있지 않고 가장 잘 보이는 별자리이다

⇒ 그중에 북극성은 탐험가나 여행자들이 북쪽을 지정하고 방향을 측정하는 좌표가 된다.

■ 별자리를 그림으로 기억하는 이유 알아보기

⇒ 북두칠성은 7개의 별로 이루어졌는데 흩어진 7개 별 위치를 모두 기억하는 것은 어렵다.

⇒ 그래서 7개의 별들을 선으로 연결해 형태(국자 모양)을 만들었고 형태를 만들어 쉽게

기억하였다.

■ 다양한 밤하늘의 풍경 만들기 탐색

⇒ 사람은 같은 것을 보고도 표현한 작품이 전혀 다른 형태가 만들어진다.

⇒ 사람마다 부분 부분을 엮어서 의미있는 전체를 만드는 고유한 상상의 영역이 있기 때문이다(게쉬탈트Gestalt).

⇒ 동일한 하늘을 보면서 어떤 다른 하늘을 만들게 되는지 탐색해보자.

<전개>

■ 재료 탐색하기

⇒ 밤하늘 풍경에 대해 이야기한다.

⇒ 북두칠성의 대해 알아본다.

⇒ 계란 노른자, 시리얼, 등의 준비된 재료를 탐색해 본다.

■ 활동하기

⇒ 준비된 재료들로 밤하늘 풍경을 어떻게 표현할 수 있을지 이야기 나눈다.

⇒ 활동 순서도를 탐색하며 활동시 조심해야 되는 점을 이야기 나눈다.

⇒ 활동 순서도를 보며 밤하늘의 풍경을 만든다.

⇒ 은하를 김 위에 표현하기

 - 플라스틱 판넬 위에 김을 올려놓는다.

 - 그 위에 계란 노른자를 채칼의 홈에 갈아서 뿌린다.

 - 이렇게 곱게 같은 계란 노른자를 김 위에 뿌려 은하를 표현한다.

⇒ 은하 속의 무수한 별을 표현하기
- 소형 절구에 여러 종류의 과자를 넣어 방망이로 작게 부순다.
- 이렇게 작게 조각난 과자를 은하 형태 안에 재미있게 배치한다.
- 작은 과자 조각은 무수한 별을 상징적으로 표현한 것이다.
- 절구질할 때 다양한 소리를 내어 영유아들이 들으면서 청각적으로도 흥미가 유발될 수 있도록 한다.

⇒ 북두칠성을 표현하기
- 북두칠성을 상징하는 일곱 개의 색 사탕을 중앙에 배치한다.
- 북두칠성 중에 북극성을 가장 크고 밝은 색깔의 사탕으로 표현한다.

⇒ 일곱 개의 별을 선으로 연결하기
- 일곱 개의 사탕 사이를 준비된 일곱 색깔의 채소 사용하여 연결한다.

⇒ 완성된 작품을 조명판 위에 놓고 감상하기
- 크리스마스 알 전구 조명 판 위에 작품을 올려놓고 빛을 비추어 작품을 감상한다.

<종결>

■ 작품 감상
⇒ 크리스마스 알전구 조명판 위에 작품을 올려놓고 빛을 비추어 작품을 감상한다.

■ 피드백

  ⇒ 질문과 토론하기

  ⇒ "밤하늘은 어떤 느낌인가요?"

  ⇒ "내가 만든 밤하늘은 어떤 색깔인가요?"

  ⇒ "북두칠성은 무슨 모양을 닮았나요?"

■ 활동의 마무리

  ⇒ 나의 작품을 친구들에게 소개시켜 준다.

  ⇒ 다른 친구들의 작품을 모두 감상한다.

  ⇒ 친구들과 내가 만든 밤하늘의 맛을 보고 느낌을 말해 본다.

  ⇒ 활동 후에 색 도화지에 자료들을 고정시켜서 전시해 본다.

■ 확장 활동

  ⇒ 1-10까지의 수의 개념을 익힌다.

  ⇒ 점 4개로 4각형을 만들고 점 3개로 삼각형을 만들어 본다.

  ⇒ 7개의 점을 가지고 다양한 형태를 만들어 본다.

21.

어묵으로 만드는 전통놀이

생활 주제	겨울	
인성 덕목	공감	
학습 유형	오감활동, 인성 덕목(공감)	
활동 목표	1. 즐거운 우리 전통놀이에 관심을 가진다. 2. 협력하는 것에 대하여 배려와 존중하는 마음을 가진다. 3. 어묵으로 다양한 전통 연을 만들어 본다.	
준비물	재료	도구
	어묵(다양한 모양과 색), 누들, 식용 치자 가루, 초코펜	빵칼, 도마
사전 준비	★ 어묵을 미리 준비한다. ★ 누들은 삶아 식용 치자 가루로 여러 색으로 물들여 놓는다. ★ 교사 자리에 따뜻한 물을 준비해 초코펜을 미리 담아놓는다.	

\<도입\>

■ 어묵으로 만나는 전통놀이

■ 개정 누리과정 속 추구하는 목표와 내용

⇒ 개정 누리과정 '예술 경험'에 목표

– 예술을 통해 창의적으로 표현하는 과정을 즐긴다.

⇒ 개정 누리과정 '예술 경험'에 '창의적으로 표현하기' 범주에서

– 다양한 미술 재료와 도구로 자신의 생각과 느낌을 표현한다.

⇒ 개정 누리과정 '예술 경험'에 '예술 감상하기' 범주에서

– 우리나라 전통 예술에 관심을 갖고 친숙해진다.

■ 우리 전통놀이 알기

⇒ 옛날부터 우리 조상들은 정월 초하루부터 보름 동안 전통놀이를 즐겼다.

⇒ 전통놀이 종류에는 연날리기, 딱지치기, 쥐불놀이, 팽이, 공기 등이 있다.

■ 연의 유래

⇒ 삼국사기 열전에 의하면 신라 선덕여왕 말년에 김유신이 연에 불을 달아 하늘로 올려 민심을 수습했다는 기록이 있다.

⇒ 나중에는 대형 연에 사람이 타고 날았다는 기록이 있다.

⇒ 과천 국립과학관에는 조선시대에 사용된 사람을 싣고 나르는 삼각연 형태의 '비행하는 수레' 비거(飛車)가 전시되어있다.

⇒ 패러글라이딩 형태로 제작되어 실제로 사람이 타고 하늘을 비행할 수 있다.

⇒ 한반도에서 만든 연은 날릴 사람의 연령에 따라 또는 그 지방의 바람의 세기에 따라 크기를 다르게 한다.

⇒ 전통적인 연에는 방패연, 가오리연, 십자연, 홍어연, 매연 등 100여 종에 이르지만, 우리나라 연의 99%가 사각 장방형의 방패연이 차지하고 있다.

⇒ 방패연과 가오리연, 혹은 자신만의 개성 있는 창작 연을 어묵을 사용하여 만들어 보기로 한다.

\<전개\>

■ 재료 탐색하기

⇒ 인사를 나누며 우리의 명절과 명절놀이에 대해 이야기한다.

⇒ 전통 연을 어묵으로 어떻게 만들 수 있을지 생각해 본다.

⇒ 요리 순서도를 익히며 재료를 탐색한다.

■ 활동하기 - 방패연 만들기

⇒ 준비된 재료들로 방패연을 어떻게 표현할 수 있을지 이야기 나눈다.

⇒ 활동 순서도를 탐색하며 활동이 주의사항을 이야기 나눈다.

⇒ 활동 순서도를 보며 방패연을 만든다.

⇒ 방패연 만들기 순서도

　- 사각 어묵을 개인 접시 위에 올려놓고 장방형 크기로 자른다.

　- 어묵 중심에 원형의 구멍을 뚫고 어묵이나 야채로 빗살을 올려놓는다.

　- 색색의 어묵으로 내가 원하는 무늬와 그림으로 연의 사방을 꾸민다.

　- 얇게 자른 어묵으로 두 개의 연 꼬리를 표현한다.

　- 둥근 어묵으로 얼레(줄감개)를 만들어 본다.

■ 활동하기 - 가오리연 만들기

⇒ 준비된 재료들로 가오리연을 어떻게 표현할 수 있을지 이야기 나눈다.

⇒ 활동 순서도를 탐색하며 활동이 주의사항을 이야기 나눈다.

⇒ 활동 순서도를 보며 가오리연을 만든다.

⇒ 가오리연 만들기 순서도

- 사각 어묵을 개인접시 위에 올려놓고 삼각형으로 자른다.
- 색색의 어묵으로 내가 원하는 무늬와 그림으로 연의 중심에 꾸민다.
- 얇게 자른 어묵으로 세 개의 연 꼬리를 표현한다.
- 둥근 어묵으로 얼레(줄감개)를 만들어 본다.

■ 활동하기 - 다양한 연 만들기(나비, 물고기 등)

⇒ 나비나 물고기의 모양으로 어묵을 자른다.

⇒ 중심에는 원형의 구멍을 뚫고 어묵 빗살을 만든다.

⇒ 눈과 지느러미에는 과일로 만들어 붙인다.

⇒ 당면이나 어묵으로 연 줄을 표현한다.

⇒ 둥근 어묵으로 얼레를 만든다.

<종결>

■ 작품 감상

⇒ 완성된 자신과 친구들의 전통 연을 감상해 본다.

⇒ 완성된 어묵 연을 친구들과 맛을 본다.

■ 피드백

⇒ 질문과 토론하기

⇒ 본인이 만들었던 전통 연을 친구들에게 설명해 준다.

⇒ 친구가 만든 전통 연의 어떤 부분이 좋았는지 말하고 칭찬해준다.

⇒ 여러 가지 어묵의 맛이 어떠했는지 이야기한다.

■ 활동의 마무리

⇒ 사용한 도구와 접시 등을 친구와 함께 정리한다.

■ 확장 활동

⇒ 어묵을 얇게 썰어서 딱지를 만들어 보기로 한다.

⇒ 내가 만든 연의 이름을 정해 친구들과 이야기 나눈다.

22.

호빵으로 만드는 다문화 어린이

생활 주제	세계는 한 가족	
인성 덕목	배려	
학습 유형	오감활동, 인성 덕목(배려)	
활동 목표	1. 다문화 어린이의 얼굴을 탐색해본다. 2. 다문화 어린이의 특징을 찾아낸다. 3. 다양한 재료를 활용해 다문화 어린이의 얼굴을 만들어 본다.	
준비물	재료	도구
	다양한 인종 사진, 푸드놀이 활동 순서도, 호빵, 떡반죽, 흑임자, 식용치자, 초코펜	접시, 도마
사전 준비	* 다양한 색의 떡 반죽을 준비한다. * 다양한 색의 호빵(찐빵)을 준비한다.	

\<도입\>

■ 개정 누리과정 속 추구하는 목표와 내용

⇒ 개정 누리과정 '사회 관계'에 목표

– 우리가 사는 사회와 다양한 문화에 관심을 가진다.

⇒ 개정 누리과정 '사회 관계'에 '사회에 관심 가지기' 범주에서

– 다양한 문화에 관심을 가진다.

■ 세계 여러 나라 알기

⇒ 현재 유엔에 가입된 세계의 국가는 195개이다

⇒ 최소한 일부 국가들로부터 국가로 인정받는 나라는 201~207개이다.

⇒ 세계인은 대략 2,338개의 수많은 종족으로 이루어져 있다.

⇒ 크게 백인, 흑인, 황인종으로 나눈다.

■ 다양한 인종 알기

⇒ 대체로 북서부 유럽인들은 노랑머리에 파란 눈을 가지고 있는 게 백인들의 특징이다.

⇒ 흑인은 체지방 비율이 낮고, 상체보다 다리가 더 긴 탄력 있는 신체를 가지고 있어 스포츠에서 두각을 나타낸다.

⇒ 황인은 황갈색의 피부, 검은색의 눈, 검은색의 직상모(直狀毛), 평평한 얼굴과 낮은 코 따위를 들 수 있다. 한국인, 중국인, 일본인 등 동양인이 대개 이에 속한다.

⇒ 세계 인구의 14%가 흑인종, 24%가 백인종, 27%가 황인종이다.

■ 다양한 문화 알기

⇒ 용광로 문화 : 여러 민족의 고유한 문화들이 그 사회의 지배적인 문화 안에서 변화를 일으키고, 서로 영향을 주어서 하나의 문화를 만들어 나가는 것을 뜻한다. 중국은 수많은 소수민족이 있지만 국민의 대다수인 한족 중심 정책을 쓰면서 소수민족 문화를 하나로 융화시키고 있다.

⇒ 샐러드볼 문화 : 국가라는 큰 그릇 안에서 샐러드 같이 여러 민족의 문화가 섞여서 하

나의 새로운 문화를 만드는 것을 의미한다. 즉 여러 민족이 가진 고유한 문화들이 고유한 맛을 가지고 샐러드처럼 맛을 내는 것이다. 대표적인 나라가 미국이다. 세계 각국의 이민자들이 만든 나라인 미국은 다양한 문화들이 섞여서 미국 특유의 문화를 만들어내고 있다.(미국도 초기에는 용광로 문화였다)

<전개>

■ 재료 탐색하기

⇒ 인사를 나누며 겨울에 먹는 간식인 호빵에 대해 이야기 나눈다.

⇒ 호빵으로 다문화 어린이를 어떻게 만들 수 있을지 이야기 나눈다.

⇒ 활동 순서도를 익히며 재료를 탐색한다.

■ 활동하기 - 인디언 어린이 표현하기

⇒ 준비된 재료들로 인디언 어린이를 어떻게 표현할 수 있을지 이야기 나눈다.

⇒ 활동 순서도를 탐색하며 활동시 조심해야 되는 점을 이야기 나눈다.

⇒ 활동 순서도를 보며 인디언 어린이를 만든다.

⇒ 인디언 어린이 만들기 순서도

 - 노란 호빵을 사용해 얼굴을 만든다.

 - 늘 친근하게 접하는 엄마의 까만 머리카락을 묘사한다.

 - 머리에는 두 개의 나뭇잎을 달아주고 머리띠를 착용한다.

 - 머리를 길게 따아서 인디언 머리를 표현한다.

 - 각자 개성있는 표현하며 색상의 표현도 자유롭게 한다.

■ 활동하기 - 흑인 어린이 표현하기

⇒ 준비된 재료들로 흑인 어린이를 어떻게 표현할 수 있을지 이야기 나눈다.

⇒ 활동 순서도를 탐색하며 활동시 조심해야 되는 점을 이야기 나눈다.

⇒ 활동 순서도를 보며 흑인 어린이를 만든다.

⇒ 흑인 어린이 만들기 순서도

　- 어두운 호빵을 사용해 얼굴을 만든다.

　- 흑임자 쌀가루 반죽으로 머리카락을 묘사한다.

　- 각자 개성 있게 표현하며 색상의 표현도 자유롭게 한다.

■ 활동하기 - 노랑머리 서양 어린이 표현하기

⇒ 하얀색 호빵을 선택한다.

⇒ 식용 치자가루를 활용한 쌀가루 반죽으로 노란 머리를 표현한다.

⇒ 흑인 어린이 만들기 순서도

⇒ 어두운 호빵을 사용해 얼굴을 만든다.

⇒ 흑임자 쌀가루 반죽으로 머리카락을 묘사한다.

⇒ 개성 있고 자유롭게 표현한다.

■ 활동하기 – 세계 어린이 표현하기

⇒ 준비된 재료들로 세계 어린이를 어떻게 표현할 수 있을지 이야기 나눈다.

⇒ 활동 순서도를 탐색하며 활동시 조심해야 되는 점을 이야기 나눈다.

⇒ 활동 순서도를 보며 세계 어린이를 만든다.

⇒ 세계 어린이 만들기 순서도

- 다양한 색의 호빵을 사용해 얼굴을 만든다.

- 흑임자 쌀가루 반죽 등 다양한 반죽으로 머리카락을 표현한다.

- 초코펜을 이용해 눈, 코, 입을 표현해 본다.

<종결>

■ 작품 감상

⇒ 완성된 자신과 친구들의 호빵 세계 어린이를 감상해 본다.

⇒ 완성된 호빵 세계 어린이를 친구들과 맛을 본다.

■ 피드백

⇒ 질문과 토론하기

⇒ 다문화 어린이들이 어떤 특징을 가지고 있는지 탐색해 본다.

⇒ 다문화 어린이들에게 우리 가족을 어떻게 소개할까 이야기해 본다.

⇒ 오늘 한 활동에 대한 소감을 이야기 나눈다.

■ 활동의 마무리

⇒ 사용한 도구와 접시 등을 친구와 함께 정리한다.

■ 확장 활동

⇒ 내가 만든 다문화 어린이를 다른 친구들에게 소개해 본다.

23.

싱그런 소망 나무 만들기

생활 주제	추운 겨울	
인성 덕목	소통	
학습 유형	표현, 탐색	
활동 목표	1. 생명 사랑에 대한 감성을 높여 자신의 소망을 표현할 수 있다. 2. 상상력과 호기심으로 작품을 만들어 자기와 타인의 작품을 감상할 수 있다. 3. 자신의 긍정적 미래를 그려보고 행복한 미래를 향한 실천의 힘을 갖는다.	
준비물	재료	도구
	인절미, 팝콘, 소금, 후르츠링 시리얼, 스파게티면, 마시멜로, 앵두콘	색 도화지, 빵칼, 나뭇가지, 파스텔, 일회용 투명 컵, 메모지
사전 준비	* 산책 시 겨울에 볼 수 있는 잎이 없는 나뭇가지를 준비한다. * 일회용 투명 컵을 준비한다.	

<도입>

■ 싱그런 소망나무 만들기

■ 감성의 정의

  ⇒ 겨울나무 감상하기

  ⇒ 겨울에 눈이 오는 풍경과 나무 모습 상상하기

  ⇒ 정서(emotion)와 깊은 관련이 있다.

  ⇒ 몸속에서 반응하는 지각이다.(예: 기쁨, 행복, 슬픔, 재미있다 등)

  ⇒ 실제 나뭇가지를 보여준다.

■ 사전 준비가 필요한 자료

  ⇒ 다양한 겨울나무 사진

  ⇒ 실외놀이나 산책 시 나무 모습 관찰하기

  ⇒ 나뭇가지를 가지고 오기

■ 겨울 나뭇가지를 보고 느낀 감정 소통

  ⇒ 제4차 표준보육과정 '자연 탐구' 영역에 속한다..

  ⇒ 인성 덕목 중 '소통'

  ⇒ 겨울 나무에게 해주고 싶은 이야기 나누기(예: 겨울나무는 추워서 집이 필요할 것 같
    다.)

  ⇒ 일회용 투명 컵을 제공하여 집을 만들어 본다.

■ 개정 누리과정에서 추구하는 목적

⇒ 놀이가 살아나게 하려면 선생님의 역할이 크다.

⇒ 영유아는 오감을 통해 세상을 이해하고 정보를 알아차린다.

⇒ 나무를 보관할 집 모양 상상하기

⇒ 나무를 심을 푸드 매체 소금 제시

<전개>

■ 소금을 푸드 매체로 선택한 이유

⇒ 일정한 형태가 존재하지 않아 다양한 표현이 가능하다.

⇒ 오감 중 손을 통해 느껴지는 감촉으로 스트레스 해소가 된다.

⇒ 쉽게 구할 수 있다.

⇒ 소금으로 만든 작품은 장기 보관이 가능하다.

■ 색 소금 만들기

⇒ 도구를 사용해 소금에 색을 입힌다.

도화지, 파스텔, 빵칼, 소금을 제시

⇒ 색 소금을 만드는 활동을 통해 즐거움과 흥미를 가진다.

⇒ 피아제는 아동을 '어린 과학자'라고 표현한다.

영유아는 능동적인 존재이며, 과학자와 같이 호기심을 가지고 주변 환경을 스스로 탐구하
며 학습하는 능력을 갖추고 태어난다.

⇒ 오감을 사용하는 매체 중 푸드 매체는 자연의 산물이다.

⇒ 색 소금을 2가지 놀이하는 모습을 시연한다.

⇒ 일회용 투명 컵에 겨울 나뭇가지를 심는다.

■ 푸드 매체 탐색

⇒ 푸드 재료는 먹어보고 맛을 느껴 본다.

⇒ 인절미 또는 가래떡을 손으로 자르거나 빵칼을 이용한다.

⇒ 소망 나무를 꾸민다.

⇒ 가래떡이나 인절미 대신 마시멜로, 후르츠링시리얼, 팝콘도 사용 가능하다.

⇒ 나뭇가지 대신 스파게티 면도 사용 가능하다.

<종결>

■ 2022년 교육과정 개정

⇒ 4차 산업혁명시대에 필요한 인재 양성

⇒ 개정 누리과정 속 놀이중심교육에 해당된다.

⇒ 인간만이 가지고 있는 최고의 장점 흉내 낼 수 없는 '감성'과 인성 프로그램을 적용한 푸드놀이가 답이다.

⇒ 영유아에게 미래 사회에 맞추어 필요한 능력을 키워주어야 한다.

■ 작품 감상하기

⇒ 내가 만든 소망 나무와 친구의 소망 나무를 감상한다.

⇒ 친구의 '소원'도 함께 이야기 나눠보며 소통할 수 있다.

⇒ 확장 놀이가 가능하다.

⇒ '친구와 함께 만드는 소망 나무' 또는 우리 반의 소망 나무로 바나나껍질과 메모지를 사용하여 놀이할 수 있다.

24.

나만의 행복 마니토

생활 주제	나는 친구가 있어요
인성 덕목	배려
학습 유형	전이 활동, 언어, 미술
활동 목표	1. 나의 행복 마니토와 관계의 의미를 인식한다. 2. 친숙한 푸드 매체를 사용하여 생각과 느낌을 창의적으로 표현한다. 3. 완성된 작품을 서로 나누며 친구의 작품도 소중함을 알 수 있다.
준비물	재료	도구
	삶은 감자, 견과류, 빼빼로, 초코볼, 파프리카, 청경채	접시, 도마, 빵칼, 비닐 지퍼백, 손절구, 모양틀, 예쁜 엽서
사전 준비	* 감자는 미리 삶아서 활용한다.

<도입>

■ 나만의 행복 마니토 만들기

■ 행복의 의미

⇒ 삶을 살아가면서 기쁘고 만족감을 느껴 흐뭇한 상태

⇒ 행복은 다른 사람과의 관계를 통해 느껴진다.

⇒ 행복을 느끼는 방법은 사람마다 다르다.

⇒ 여러 연구된 결과를 종합해보면 살아가면서 가장 행복한 순간은 혼자가 아니라 친구와
가족을 비롯해 좋아하는 사람과 함께 할 때 행복이라는 게 찾아온다고 한다. 즉 우리의
삶에서 가장 좋은 순간을 누군가와 함께 나누고 싶어 한다는 의미이다.

<전개>

■ 영유아들이 만나고 싶은 친구, 내가 친구가 되어주고 싶은 비밀 친구의 모습을 상상해 본다.

⇒ 비밀 친구 마니토는 누구일까?.

⇒ 친구가 되고 싶은 비밀 친구는 사람, 동물, 식물, 물건 모두 가능

⇒ 주재료는 삶은 감자를 선택한다.

⇒ 푸드 매체를 영유아가 직접 선택할 수 있게 기회를 준다.

⇒ 푸드 매체 감자를 이용해 친구 모습 만들기(지퍼백, 손절구를 사용한다)

⇒ 사진과 함께 마니토 만드는 작업 시연

⇒ 비밀 친구를 초대하기 위해 초대장 만들기(예쁜 엽서 준비)

⇒ 비밀 친구를 초대하기 위해 무엇을 준비해야 하는지 의견 나누기

⇒ 비밀 친구에게 무엇을 선물해 줄지 친구끼리 의견 공유하기

■ 유아기의 발달특징

⇒ 언어, 그림 몸짓 등을 통해 대상을 상징적으로 표현하는 능력 발달 시기이다.

⇒ 만 3세 이상은 구체적으로 표현하는 상징 놀이를 즐길 수 있다.

⇒ 영유아시기 상징 놀이는 언어 발달과 연관된다.

⇒ 따라서 충분한 의견을 말하고 들을 수 있도록 시간을 주어야 한다.

■ 야채를 푸드 매체로 선택한 이유는?

⇒ 일상생활에서 흔히 접할 수 있는 매체이다.

⇒ 자연의 맛과 색 그리고 향을 지닌 야채를 보고 만지는 것만으로도 힐링이 된다.

⇒ 다양한 생각과 감정을 표현하기 좋으며 자유로운 표현 활동을 할 수 있어 상상력과 창의력을 증진 시킬 수 있는 장점이 있다.

 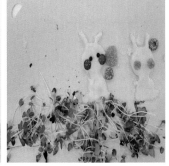 

나무 위에서 쉬고 있는 토토로　　　항상 함께한 마니토 토끼 친구　　　나의 마니토 우크렐라

■ 나와 비밀 친구를 생각할 때 드는 기분 알기

　⇒ 행복하고 즐겁다

■ 영유아들과 지금 행복한 순간을 여러 가지 푸드 매체로 표현해 본다.

■ 행복한 순간의 표현 작품에 감자로 만든 비밀 친구의 모습도 함께 표현해 본다.

<종결>

■ 나만의 행복 마니토 완성

　⇒ 영유아들과 함께 작품을 감상한다.

　⇒ 푸드놀이를 한 후 감정을 언어로 표현해 본다.

■ 확장 놀이

　⇒ 영유아들은 발달 특성상 오감각을 자극하는 놀이가 뇌 발달은 물론 신체 발달에 좋다.

　⇒ 다양한 놀이로 사람과 사물, 사건 간의 관계를 이해하는 사고 능력이 증진된다.

■ 확장 놀이의 예시

　⇒ 푸드 매체를 보며 이름 말하기

⇒ 푸드 매체를 보지 않고 이름만으로 색깔 분류하기

⇒ 다양한 곡물을 활용한 오감 자극이나 퍼즐 놀이

⇒ 다양한 과일을 제시하고 크기 순서대로 배열하기

25.

내가 만드는 태극기

생활 주제	태극기	
인성 덕목	존중	
학습 유형	개인 인성	
활동 목표	1. 우리나라를 상징하는 것들에 관심을 가진다. 2. 우리나라 국기인 태극기와 친숙해질 수 있다. 3. 자존감에 기초한 예와 존중의 인성 덕목을 기른다.	
준비물	재료	도구
	밀가루, 천연색소(흰색, 파란색, 빨간색, 검정색)	태극기 모형, 우드락(A3 크기)
사전 준비	* 다양한 재료들이 섞이지 않도록 준비하기	

\<도입\>

⇒ 태극기 관련 동요를 부른다.

⇒ 태극기에 대한 동화를 들려준다.

⇒ 재료를 탐색한다.

■ 태극기의 유래

⇒ 태극기는 1882년 5월 미국과 처음 조약을 맺을 때 최초로 사용하였다. 박영효 수신사
가 고종의 명으로 일본의 사절단으로 갈 때도 사용되었으며 1883년 고종이 태극무늬와
4괘가 들어간 태극기를 국기로 정하고 널리 알렸다. 그 이후 1942년 대한민국 임시정
부에서 '국기통일양식'을 만들었지만 널리 알려지지 않았고 1949년 '국기제작법'이 만
들어지면서 지금과 같은 태극기 모양이 갖춰졌다.

■ 태극기 규격

⇒ 태극기의 한가운데에는 태극 무늬가 그려져 있다. 태극의 위쪽은 빨간색, 아래쪽은 파
란색으로 칠해져 있는데 태극은 우리나라가 옛날부터 많이 사용해 온 문양이다. 태극의
빨간색은 양의 기운을 상징하고, 파란색은 음의 기운을 상징한다.

⇒ 하지만 빨간색과 파란색으로 나누어져 있다고 해서, 태극이 위아래로 갈라지는 것은
아니다. '태극'은 지극히 큰 하나라는 뜻으로, 이 음양 두 가지의 힘으로 우주 만물을 창
조하듯이 우리 민족의 창조성을 나타내었으며, 평화, 광명, 무궁, 조화, 평등을 상징한다.

⇒ 태극기의 흰 바탕은 순수하고 깨끗한 민족성을 상징하고 네 귀퉁이의 검은색 선들은 각
각 '건, 곤, 감, 리'라고 하는 4괘로 이루어져 있는데, 이는 각각 상징하는 것이 다르다.
건은 하늘을, 곤은 땅을, 감은 달과 물을, 리는 해와 불을 상징하는데. 이들 4괘가 태극
을 중심으로 조화를 이루고 있는 것이 바로 태극기이다.

■ 국기를 게양하는 날

⇒ 5대 국경일: 삼일절(3월 1일), 제헌절(7월 17일), 광복절(8월 15일), 개천절(10월 3일),
한글날(10월 9일)

⇒ 기념일 : 현충일(6월 6일), 국군의 날(10월 1일) 그 외에 국가장 기간이나 정부나 지방 자치단체가 정한 날

⇒ 조기(弔旗)로 게양 : 현충일이나 국장 기간, 국민장 등에는 깃면의 너비(세로)만큼 내려서 게양

⇒ 게양 위치 : 단독(공동) 주택 – 대문의 중앙이나 왼쪽에, 다세대 주택이나 아파트– 베란다의 중앙 또는 왼쪽

⇒ 차량 : 전면에서 볼 때 왼쪽에 게양

⇒ 게양 시간 : 공공기관은 24시간, 일반 가정과 민간기업·단체는 오전 7시부터 오후 6시까지, 24시간 게양도 가능

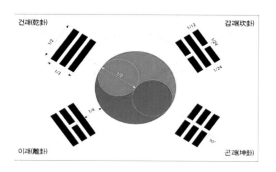

■ 재료

밀가루, 천연색소(흰색, 파란색, 빨간색, 검정색)

<도입>

⇒ 태극기 비율의 우드락 위에 흰색 밀가루를 떼어 붙여서 흰색 바탕을 표현한다.(모자이크 기법)

⇒ 태극무늬의 자리에 태극 문양을 오린 종이를 놓고 파란색 밀가루 반죽을 떼어 붙여서 음을 표현한다.

⇒ 음의 자리 위쪽에 빨간색 밀가루 반죽을 떼어 붙여서 양을 표현한다.

⇒ 검정색 밀가루 반죽을 양의 길이(긴) 효로 3개를 잘라 건 괘(하늘 : 태극 문양 왼쪽 위)

에 배치

⇒ 검정색 밀가루 반죽을 음의 길이(짧은) 효로 6개를 잘라 곤 괘(땅 : 태극 문양 오른쪽 아래)에 배치

⇒ 검정색 밀가루 반죽을 음의 길이(짧은) 효로 4개, 양의 길이(긴) 효 1개를 잘라서 양 (－)이 안으로 가게 하여 감 괘(물 : 태극 문양 오른쪽 위)에 배치

⇒ 검정색 밀가루 반죽을 음의 길이(짧은) 효로 4개, 양의 길이(긴) 효 2개를 잘라서 음 (－－)이 안으로 가게 하여 리 괘(불 : 태극 문양 왼쪽 아래)에 배치

<종결>

⇒ 밀가루 반죽에 사용하는 천연색소는 시중에서 구입하여 사용하기도 하지만 식재료의 즙을 내어 사용하여도 좋다.

■ 확장 활동

⇒ 놀이할 때 사용한 반죽을 이용해 다양한 반죽 놀이로 확장하여 놀이한다.

⇒ 우리나라를 상징하는 다른 상징물을 만들어 본다.

■ 가정 연계

⇒ 집에 있는 우리나라를 상징하는 물건을 찾아보고 사진으로 찍어서 원으로 보내기

⇒ 태극기 다는 날을 알아보고 태극기 다는 날 태극기 게양하는 모습을 사진으로 찍어서 원으로 보내기

참고 문헌

교육부(2019). 개정 누리과정. 교육부.

보건복지부(2020). 개정 표준보육 과정. 보건복지부

김민용·김희정(2020), 김지유(2019) 푸드표현 예술치료. 창지사

김민용·김지유(2019). 건강하고 맛있는 창의 융합 푸드표현예술치료. 창지사.

김선현(2013). 색채심리학. 한국학술정보(주).

김윤선·김정주(2017). 조리를 통한 아동 오감교육. 형설출판사.

김지현(2020). 우리아이 자존감을 키워주는 푸드표현 공부법.

김은영(2014). 엄마도 아이도 행복해지는 아트테라피 놀이 북. 청어람 미디어.

김은영(2014). 아트테라피놀이북. 이끼북스.

김혜원(2009). 반갑다. 키즈쿠킹. 미진사.

김희정·한리원(2020). 푸드아트테라피를 활용한 심리기법. 휴먼북스.

노은호·김윤선·김정주(2010). 오감을 통한 어린이 요리 활동. 형성출판사.

백현옥(2020). 마음과 성장을 위한 푸드아트테라피. 광문각.

백현옥·한수연·이선희(2010). 마음과 성장을 위한 푸드아트테라피. 광문각.

서금순(2010). 푸드아트테라피. 갈릴리.

서금순·최학민(2020). 성경 푸드아트 테라피. 누가.

신재한·김영희(2020). 영유아놀이지도의 이론과 실제. 박영스토리.

심성경·이선경·김경의·이효숙·김나림·허은주(2013). 유아문학교육의 이론과 실제. 학지사

심성경·백영애·이영희·함은숙·변길희·김나림·박지애(2010). 놀이지도.

옥금자(2013). 미술치료의 발달적. 심리학적 매체 선택과 적용. 하나의학사.

윤성희(2017). 푸드아트테라피와 상담기법. 학지사.

윤성희(2017). 몸과 마음이 함께 성장하는 푸드아트테라피와 상담기법. 학지사.

이다(2015). 이다의 푸드아트. 시베네스. 세상풍경

이원영·임경애·김정미·강유진(2015). 유아미술교육.

이정연(2009). 푸드아트테라피. 신정.

이지은(2019). 조물조물 뚝딱 어린이 요리. 리스컴.

이한구·박경희(2021). 색채심리 12색을 활용한 심리 분석 및 상담. 비채.

조주영(2015). 창의·인성교육 효율성으로의 초대 푸드아트테라피. 한국에니어그램교육연구소.

편집부(2015). 아기돼지삼형제. 꼬마 손 월드베스트팝업북.

한국예술심리상담협회(2016). 인성을 만나는 52가지 방법. 비채.

저자 소개

채신영

서울한영대학교 사회복지학 박사
전) 성산보육교사교육원 전임교수
전) 서울한영대학교 객원교수
현) 한국열린사이버대학교 아동보육학과 학과장

한리원

숭실대 경영대학원 복지경영전공 박사과정
현) 웰나우 통합요양센터 본점 센터장
현) 웰나우 심리코칭교육연구소 소장
현) 한국열린사이버대학교 아동보육학과 특임교수
현) 사) 세대복지문화교육협회 중앙회 이사
현) 사) 미래복지경영 발전홍보의원

송은희

현) 의정부시 어린이집연합회 민간분과위원장
현) 경기도 어린이집연합회 민간분과 수석부회장
현) 의정부시 보육정책위원회 위원
현) 한국열린사이버대학교 아동보육학과 특임교수
현) 동화캐슬 어린이집 원장

박윤희

경기도 어린이집 회계 컨설팅(2019년, 2021년)
현) 양평군 공공형 어린이집 지역장
현) 자연숲어린이집 원장(공공형)
현) 양평군 강상면 주민자치위원 교육분과장
현) 한국열린사이버대학교 아동보육학과 특임교수

박형숙

서울한영대학교대학원 박사과정

현) 5주공예능어린이집 원장

현) 서울특별시 직무교육위탁 강사

현) 성산효대학교대학원 부설 보육교사교육원
외래교수

박정숙

창원대학교대학원 유아교육학과 박사과정

현) 푸드표현심리전문강사연구회 상임이사

현) 한국열린사이버대 아동복지연구소 상임이사

현) 경남영유아안전문화연구소 운영위원

서숙기

협성대학교 대학원 문학박사

전) 경기도청북부청사 직장 어린이집원장

현) 서정대학교 교수

현) 그림책 지도사, 푸드테라피 강사

현) 오박사연구소, 비전교육경영연구소 소장

최현미

중부대학교 대학원 박사과정

전) 서울시 직속 어르신일자리 사업

전) 아이돌봄기동대 강사

현) 푸르미어린이집 원장

현) 양천구 민간어린이집 연합회 회장

현) 고용노동부 HRD강사

김수경

총신대학교 대학원 유아교육과 박사수료

현) 홍익어린이집 원장

현) 한국열린사이버대학교 아동보육학과 특임교수

현) 오감발달연구부설 감사코칭 리더쉽 교육위원

현) 한국부모교육학회 상임이사

황인순

전) 중랑구 가정어린이집연합회 회장

현) 한국열린사이버대학교 아동보육학과 특임교수

현) 한국열린사이버대 보육교사보수교육 전담

교수

현) 또래아이 어린이집 원장

김영실

협성대학교대학원 문학박사

전) 중랑구민간어린이집연합회회장, 서울민간

어린이집 연합회운영이사

현) 한국열린사이버대학교 아동보육학과 교수

협의회 회장

현) 신혜원어린이집 원장, 미리내어린이집 대표

현) 오박사 연구소 상임이사

박설희

경남대학교 박사과정 수료

현) 창원시립 딩동댕어린이집 원장

현) 그림책심리지도사, 푸드놀이 전문강사

현) 경남영유아안전문화연구소 교육이사

저서 : 행복너머의 플로리시

놀이 중심 인성 프로그램

푸드야, 놀이를 부탁해!

초판1쇄 인쇄 - 2022년 9월 10일

초판1쇄 발행 - 2022년 9월 10일

지은이 - 채신영, 한리원, 송은희, 박윤희, 박형숙, 박정숙,
　　　　 서숙기, 최현미, 김수경, 황인순, 김영실, 박설희

펴낸이 - 이영섭

출판사 - 인피니티컨설팅

서울 용산구 한강로2가 용성비즈텔. 1702호

전화 02-794-0982

e-mail - bangkok3@naver.com

등록번호 - 제2022-000003호

※ 잘못된 책은 바꾸어 드립니다.

※ 무단복제를 금합니다.

ISBN 979-11-92362-91-5[13370]

값 20,000